한국적 기독교 영성의 뿌리를 찾아서

편저　　　　심중식
초판발행　　2024년 8월 14일

펴낸이　　　배용하
책임편집　　배용하
편집부　　　윤찬란 최지우 박민서

등록　　　　제364-2008-000013호
펴낸 곳　　　도서출판 대장간
　　　　　　　www.daejanggan.org
등록한곳　　충청남도 논산시 가야곡면 매죽헌로1176번길 8-54
편집부　　　전화 (041) 742-1424
영업부　　　전화 (041) 742-1424 · 전송 0303 0959-1424
ISBN　　　　978-89-7071-696-1　03230

분류　　　　기독교 | 영성 | 한국적 영성

값 12,000원

한국적 기독교 영성의 뿌리를 찾아서
- 귀일원/동광원의 유적지 순례 -

심중식

귀일사상연구소장

한국적 기독교 영성의 뿌리를 찾아서
- 귀일원/동광원의 유적지 순례

심중식

귀일사상연구소장

목차

머리말

순례의 의미를 생각하며...

평산 심중식/귀일사상연구소장

기독교 역사상 가장 청빈하고 깨끗한 성인으로 존경받는 프란체스코와 이현필의 수도생활을 탐구해온 엄두섭 목사는 "예수를 믿는 길이 바로 이 길이다!" 하는 확신을 얻고 은성수도원을 설립하고 수도자의 길을 걸으며 한국 기독교 수도원 운동을 위해 헌신하였다. 엄목사에게 한국 기독교를 살리는 길이 수도원 운동에 있다는 이런 확신을 준 사람이 동광원의 이현필이다. 이현필의 발자취를 목격한 엄목사는 평하길 "이현필은 프란체스코와 비교해 보아도 누가 더 우월하다 할 수 없을 정도"라고 했다.

이런 이현필의 신앙을 따라 세워진 동광원 수도공동체의 기본 정신은 삼온(三溫)정신이다. 즉 하나님의 거룩하신 뜻을 따라 은총으로 순결하게 살면서 모든 이웃과 피조물을 자기처럼 사랑하는 것이다. 특히 고아나 장애인 등 사회적 소외계층을 그 환난 가운데서 돌보는 정신이다. 그리고 지향이 같은 형제자매들이 함께 모여 공동체를 이루고 모든 종파나 교파를 초월해서 담과 금이 없이 하나가 되자는 귀일신앙이다.

인간이 사는 길에는 하나님의 뜻으로 사는 길과 사사로운 인정으로 사는 길이 있다. 인정으로 사는 것은 누구나 할 수 있는 자연이지만 뜻으로 사는 것은 초자연적 인격과 자유의 길이기에 아무나 갈 수 있는 길이 아니다. 자연에서 자유로 비약하려면 결단과 도약이 필요하다. 더구나 이런 결단은 유혹으로 무너지기도 쉽다. 이럴 때 지향이 같은 친구를 만나 함께 생활한다면 얼마나 큰 도움이 되겠는가. 신앙공동체는 바로 이런 인격적 자유공동체를 지향하는 것이다. 하나님 앞에서 누구나 평등하고 자유로운 인격으로서, 즉 하나님의 자녀로서 온 우주의 생명을 한 몸으로 느끼며 사랑으로 하나가 되자는 것이 이미 2천 년 전에 그리스도 예수가 제시한 인류의 꿈이 아닌가.

이런 인류의 꿈과 지향을 위해 모든 것을 버릴 수 있는 결단과 용기는 쉽지 않다. 그렇지만 진정 이런 공동체가 존재한다면 자연을 넘어 대자유의 길을 가고자 하는 이들에게 큰 빛이 되고 힘이 될 것이다.

현대는 산산 조각난 단편이 되어 예수처럼 통으로 사는 인격이 사라지고 말았다. 인격이란 온 우주의 생명의식을 가지고 통째로 사는 생명력이 없이는 성립되지 않는다. 그런데 개별의식의 분별지와 더불어 우리는 뿌리가 잘린 나무처럼 근원의식을 잃어버리게 되었다. 화폐시장의 발달과 더불어 촉발된 자본주의적 소유의식이 분별지를 일으켜 인간의 본래적 공동체성과 생명의식을 마비시키고 말았다. 생명의식이 마비된 인간은 조각난 파편이 되어 지구를 황폐화시키는 오염원으로 전락하고 말았다. 그래서 참된 본래의 근원과 연결된 생명의식을 회복하는 것만이 지구를 살리고 인류를 살리고 온 생명을 살리는 참 길이 아니겠는가.

그런데 분별지의 지배와 소유욕을 극복하는 길은 물질적 풍요를 꿈꾸는 자본주의도 아니고 평등을 주장하는 사회주의도 아니다. 경제적 자본이나 정치적 권력의 힘을 앞세운다고 해서 욕정이 이끄는 단편화된 인간들의 세상이 변화될 수 없기 때문이다. 오직 근원적인 존재의 사랑에 기반을 둔 온 생명의 영성이 회복될 때라야 인간사회의 건강도 회복될 것이다. 그래서 예수는 말했다. "나는 길이요 진리요 생명이다. 이런 참 생명의 길을 통하지 않고는 하나님 앞에 나아갈 수가 없다." 이 뜻을 이어 이현필은 말했다. "하나님의 피조물인 우주 만물은 나와 한 몸이요 인류와 이웃은 내 지체이다. 나의 완성이 곧 우주 완성이다." 이렇게 하늘의 은총 아래 새로운 미래를 바라보고 시도하는 믿음과 기도의 수행을 통한 자기완성의 지향이 이현필이 의도한 믿음과 사랑의 거룩한 수도공동체, 즉 귀일원과 동광원 운동의 요체가 아니겠는가.

이런 동광원의 유적지를 돌아본 최흥욱 목사는 다음과 같이 '예수다, 예수뿐이다' 하는 시를 지었다. 예수는 2천년 팔레스틴에서 살았던 역사적 예수일 뿐만 아니라 지금 여기, 즉 예에서 우리에게 참으로 살아 갈 수가 되는 예수다. 이런 예수라야 나의 그리스도요 또한 우리의 구세주가 되는 것이다.

예수다, 예수뿐이다.
우리의 삶의 목적은 오직 예수뿐이다
예수 사랑 그저 예수다.
그 이름 부를 때마다 너무 달콤해서입을 쭉쭉 빤
성 프란치스코처럼 우리도 그만치 예수를 사랑하자.
예수를 너무 애타게 바라서 겨울에도 가슴 뜨거워
앞가슴 열고 다닌 분도 라브르처럼
우리도 그만큼 예수를 사랑하자
세상에 그 누구보다도
예수를 가장 사랑하게 해 달라고 바라던 나머지
단 5분도 예수 잊어버린 시간을 회개한 소화 데레사처럼
우리도 그만한 정도로 예수를 사랑하자.
미치자 크게 미치자
예수를 위해 미치는 것만이 나의 소원이라고 부르짖었던
시무언 이용도처럼

우리도 그렇게 예수를 사랑하자.

두 번씩이나 다른 남자에게 시집간 아내를

심방 가서 전도하더니 기어코 회개시킨

이세종처럼

우리도 그 정도로 예수를 사랑하자.

지금 이 순간 내 가슴 속에 뚝뚝 떨어져 오는

님의 피를 받고자 그토록 사모했던

맨발의 성자 이현필처럼.

우리도 그렇게 예수를 사랑하자그대 가슴을 열라

지금 불타는 열망으로님의 십자가 밑에 바싹 다가서라

눈물과 열망으로 님을 바라보아라.

아, 예수, 예수다.

날 사랑하는 예수, 내 사랑하는 예수다.

그저 예수뿐이다.

제1부 • 화순 도암지역 유적지 순례

1. 이현필 선생 생가

맨발의 성자로 알려진 이현필(李鉉弼) 선생은 1913년 2월 3일(음 1912년 12월 28일) 전라남도 화순군 도암면 용하리(권동부락)에서 농부인 아버지 이승로(李承老)와 어머니 김오산 사이에서 둘째로 태어났다.

이현필 생가 - 2001년

이현필은 일생을 하나님과 이웃을 섬기는 일에 헌신하며 청빈과 순결의 영성으로 구도자의 길을 걸어갔다. 즉 그는 초지일관 성경의 말씀을 믿고 그대로 실천하는 신행일치의 수도적 삶을 추구하며 사랑과 섬김을 실천했던 구도자요 한국적 평신도 신앙운동의 선구자였다. 엄두섭 목사는 그를 가리켜 맨발의 성자요, 한국의 성 프랜시스라고 하였다. 그의 신앙을 따라서 공동체를 이루며 살았던 제자들에 의해 형성된

이현필 생가를 찾은 사람들 - 2016년

수도공동체가 동광원이다.

동광원 식구들은 이현필 선생을 중심으로 해방 이후, 6·25동란에 허덕이던 민족의 아픔을 함께 나누었다. 고아, 걸인, 나그네 등을 돌보며 하룻밤 재워주기 운동, 십시일반 운동을 펼쳤다. 이현필의 고아 돌봄 운동은 사실 1948년 여순 사건 이후 늘어난 고아들을 돌보기 위해 시작된 것인데 남원에서 훈련받은 이현필의 제자들이 광주로 진출한 후에 1950년 1월 광주지역 유지들이 모여 동광원이라는 고아원을 설립하고 이현필 신앙운동에 참여한 정인세 당시 광주 YMCA 총무가 동광원 원장을 맡아 운영하기 시작하였다. 설립된 그해 여름 6.25 전쟁으로 수많은 고아들이 몰려들어 한때는 6백여 명의 고아들을 돌보기도 하였다.

이현필의 신앙운동이 공동체를 이루게 된 것은 시대적 배경과 더불어 이현필의 영적 감화력 덕분이었다. 이현필의 영적 순결함으로 그가 가는 곳마다 부녀자, 청년 할 것 없이 가족을 버린 채 그를 따랐고, 그들 일행은 탁발(밥을 얻는 일)을 하거나 농사를 지어 자급자족하면서 가난하고 버려진 이들과 함께 살았다고 한다. 현재 전북 남원의 동광원 본원을 비롯해 화순, 광주, 벽제 등 전국 각지에 동광원의 분원들이 세워졌고, 제자들이 순결, 청빈, 순명을 원칙으로 수도생활을 하고 있다.

　　1954년 고아원이 폐쇄된 후 동광원 식구들이 광주 봉선동에 자리잡고 살면서 오갈 곳이 없는 환우들을 돌보기 시작했다. 60년대 중반에 동광원 가족은 그들이 가진 모든 토지와 재산을 모아 폐질환자들을 돌보기 위한 단체로 귀일원을 세우게 되었고 이것이 오늘의 사회복지법인 귀일원이 되었다. 그런데 1980년대에 귀일원에서 은퇴한 식구들이 늘어나자 그들을 위한 거처를 마련하고자 정인세 원장께서 백방으로 노력한 끝에 마침내 남원시 대산면에 새로운 터를 잡고 이동하여 모여살게 되었는데 그것이 오늘의 동광원 본원으로 자리를 잡게 되었다. 거듭 말하자면 이렇게 일생을 바쳐 귀일원을 세우고 헌신하다가 은퇴 후에 다시 빈손으로 돌아가 새로운 터를 닦고 다시 시작한 곳이 남원의 동광원 본원이 된 것이다. 따라서 현재의 기독교 동광원 수도원이 사실상 귀일원의 모태였던 것이다.

　　이현필의 일생을 볼 때 그 삶이 결정적으로 변한 것은 22세 때 도암의 성자라고 불리는 서른 살 위인 이세종 선생을 만난 뒤로부터였다. 감리교 신학대학교 조직신학 교수인 정경옥 박사는 이세종을 가리켜 "한국의 성인"이라고 신학 잡지를 통해 처음으로 소개했는데 이세종은 재산을 가난한 사람들에게 나눠 주고 아무것도 바라지 않고 살았던 사람이었다. 자기 아내를 누님이라 부르며 부부가 남매처럼 살았고 일제강점시대 당시의 신사참배를 거부하고 깊은 산 속에서 지냈다. 밤에는 성경을 암송하고 낮에는 가까운 마을의 처녀, 총각을 모아 성경공부를 시켰다. 이세종의 성경공부반에서 이현필이 남다르게 거룩한 삶을 동경하며 실천하려고 애썼기 때문에 이세종의 수제자가 되었고, 이세종의 인정을 받았다. "내가 많은 사람과 이야기를 해 봤지만 내 말을 가장 빨리 이해하는 사람은 이현필뿐이다." 하였다. 이현필은 25세 때부터 28세까지 전남 화순군 도암면 화학산에 들어가 기도생활을 하면서 이세종 선생의 가르침에 따라 예수를 따르는 수도자의 삶을 시작하였다. 그는 30세 전후로 지리산의 오감산이나 서리내에 들어가서 깊이 기도하였다. 산에 깊이 파묻혀 금식과 말씀 묵상의 생활을 하였고, 이때 신앙으로 그리스도의 거룩한 삶을 사모하는 10여명의 소년, 소녀들을 모아서 성경을 가르치고 생활훈련을 시켰다. 장소는 남원에서도 몇 십리 들어가는 지리산 골짜기 서리내라는 곳과 그 앞산을 타고 내려오면 갈보리라고 불리는 동산이었다.

서리내에서 행해진 교육은 보름씩 산속에서 행해졌으며 말씀과 경건훈련과 노동이 함께 이루어졌다. 갈보리 역시 서리내와 함께 수도의 도량이 되었는데 많은 사람이 거기에서 함께 모여 예배를 드리고 성경 말씀을 들었다. 이현필은 특히 복음의 핵심으로 겸손과 순결사상을 강조하였다. 이렇게 하여 갈보리와 서리내는 이현필 운동의 발상지가 되었고 이곳에서 훈련받은 식구들이 훗날 동광원의 모체가 되었다. 이현필은 제자들에게 예수의 정신을 본받는 경건훈련을 진행할 때에는 매우 엄격하고 철저했다. 그는 제자들에게 자주독립정신과 청빈과 검소의 삶을 강조하였다. 그 자신 스스로 짚신과 고무신을 신었고, 산중 길을 걸을 때에는 추운 겨울에도 맨발로 다녔으며 단벌옷에 불을 때지 않은 차가운 방에서 지내며 하루에 한 끼도 먹지 않는 청빈하고 가난한 삶을 살았다. 그것이 그가 보았던 예수의 삶이었고 스스로 예수의 거룩한 삶을 본받고자 노력하며 본을 보였다.

그는 스승 이세종과 마찬가지로 식생활에 있어서 일식주의자였고 철저한 채식주의였다. 그는 산중의 기도생활 중에서 겪은 여러 신비적인 경험에 대하여 일체 침묵하였고 오직 성경만 가르쳤다. 다만 산중의 기도 생활이 매우 은혜롭고 황홀했다고만 하였다. 그와 있으면 하루종일 하는 대화가 그대로 설교였다. 그는 모든 생명은 하나님이 주신 것이라 믿고 빈대나 벼룩마저도 죽이지 않았다고 한다.

한때 교회나 지도자들이 이현필에 대하여 금욕주의자 또는 산중파라고 부르며 비방하였다. 그러나 한 번이라도 찾아와서 보고 들은 사람들은 예수를 따르는 길이 "이것이다, 바로 이 길이다!"하고 소리쳤다. 이현필은 지리산 봉우리마다 깨끗하게 가득 쌓인 흰 눈의 아름다운 경치를 바라보며 수도하였다. 거룩한 삶, 수도의 길을 위해 세상도 청춘도 모두 바친 제자들과 함께 하나님께 주신 은혜를 기뻐하고 감격의 눈물을 흘리며 "아, 십자가! 아, 십자가!"하고 찬양하였다.

거룩한 스승 이세종을 만나 그의 제자가 된 이현필 역시 화학산 기도 3년, 지리산 기도 4년, 모두 7년이란 산기도 생활 속에서 그리스도 십자가 사랑에 감격하여 애통하는 사람이 되었고 청빈한 수도자 프란치스코처럼 가난과 겸손의 거룩한 성자의 모습을 이루어 갔다.

이처럼 변화된 이현필의 주위에는 여러 훌륭한 인물과 명사들이 모여들었다. 호남의 명사요, 나환자의 아버지라고 불리는 최흥종 목사는 이현필을 아들처럼 사랑했다. 서울 중앙 YMCA 총무요, 평화주의자로 20세기 종로의 성자라고 일컬어지는 현동완 선생도 이현필을 방문하고 그의 집회에 참석하였다. 광주 YMCA 총무 정인세는 유도 2단에 덴마크 체조 교사이기도 했던 인물인데 YMCA를 그만두고 양복을 벗어버리고 넥타이를 풀어버리고 이현필 운동에 몸 바치기로 결심하였다. 한국의 지성인이요, 뛰어난 철학자로 이름난 삼각산의 도인 유영모 선생은 이현필을 사랑하여 한평생을 이현필과 교제하였고 동광원 수양회 강사로 자진하여 봉사하였다. 1946년 처음 만나서 이현필이 세상 떠난 1964년까지 한결같이 서로 존경하는 도의를 지켰고 진리와 구도를 향한 열정을 나누었다.무학인 이세종과 초등교육도 제대로 못 받은 이현필, 이에 반하여 당대의 석학이요 오산학교 교장으로 함석헌의 스승이었던 유영모, 이들의 만남은 동광원의 영성 형성에 중요한 것이었다. 온몸으로 말씀을 실천했던 이현필과 온몸으로 말씀을 묵상했던 유영모의 만남은 동광원 영성, 한국적 기독교 영성의 새로운 길을 돌파하는 계기가 되었다.

다석 유영모 선생은 15세에 연동교회에서 세례 받은 교인이요 남강 이승훈 선생이 세운 오산학교 교장이었으며 동경 물리대에서 수학한 과학자요 여러 동양 경전을 공부한 유명한 한학자였다. 다석 유영모를 존경했던 현동완 선생이 서울YMCA에서 연경반을 만들어 다석을 강사로 초빙하였다. 현동완 선생이 아니었으면 다석의 연경반 강의가 이뤄질 수 없었다. 다석은 연경반 강의를 통해 수많은 훌륭한 제자들을 길러냈다. 함석헌도 그의 제자 가운데 하나였다. 현동완의 소개로 유영모와 이현필이 만나게 되었는데 현동완은 정인세로부터 이현필 소식을 들었던 것이다.

2. 이세종(이공) 생가와 기도터

이세종선생이 살았던 등광리 집

전남 화순군 도암면 등광리는 조용한 산골 마을이다. 등광리는 원래 등잔걸이처럼 생겼다 하여 등광리(燈光里)라 하였으나 후에 등광리(登光里)라 하였다고 한다. 남평이나 영산포에서도 40리나 산속으로 들어가야 한다. 이 산속에 하늘 높이 솟은 아름다운 두 봉우리가 있다. 마을 앞에서 바라보면 오른쪽에 뾰족하게 우뚝 솟은 497m나 되는 기묘한 바위, 괴상한 돌 그리고 비자나무 숲이 장관을 이루는 빼어나게 아름다운 산이 있다. 이 산이 바로 개천산이다. 그리고 왼쪽에 있는 봉우리를 천태산이라 한다. 동광원의 이현필을 이야기 할 때면 그의 스승 이세종을 말하지 않을 수 없다. 등광리의 마을 어귀에서 조금 안으로 들어가면 이세종 선생이 결혼 후 살았던 집이 있다. 슬레이트 지붕을 올린 낡고 작은 집이었는데 몇 년 전에 개축하였다. 담도 없고 별채도

복원된 이세종 선생 살림집 순례

없는 세 칸짜리 흙담집이다. 사람도 살지 않고 여기 저기 흙이 떨어져 나가 을씨년스럽기까지 하였는데 지금은 깨끗하게 새로 단장되어 있다. 이세종 선생이 도를 깨닫기 전에 여기서 살았고 그의 부인 '한골 댁' 문순희 여사가 3년 시묘를 치른 뒤 산에서 내려와 30년 동안 살던 집이다. 여기가 바로 이세종 부부가 밤만 되면 예외 없이 베개를 들고 마루를 건너 방을 옮겨 다니며 숨바꼭질하던 역사적인 현장이다. 그때 일을 상상해 보면 웃음이 저절로 나오기도 했고 그 거룩한 숨바꼭질이 존경스러워 보이기도 했다.

이세종은 호세아를 닮은 성자라고 불리어지는데, 그가 복음을 접한 후 성경 말씀에 따라 순결을 지키기 위해 남매 사이로 지낼 것을 요구하였으나 부인이 이를 거부하고 두 번씩이나 개가하였고, 그때마다 지게로 직접 살림을 져다 주었으며, 부인이 회개하고 돌아왔을 때는 아무 말 없이 받아준 것에서 비롯되어 붙여진 이름이다. 이세종은 한때 화순 도암 동광리에서 제일가는 부자였으나 복음을 접한 후 성경 말씀에 따라 재산을 가난한 사람들에게 나눠주고 자신은 평생 청빈과 순결, 곤충과 미물까지도 돌보고 아끼는 생명존중의 삶을 살았다. 이런 이세종의 믿음과 그가 성경을 통해 깨우친 지혜는 그의 제자들에게 전수되었으며 특히 이현필이 나타나 스승의 도를 전수하면서 하나의 공동체가 형성되기 시작했다.

이세종은 성경을 깊이 읽으면서 거듭나는 경험을 한 이후로 이제 "영찬"은 죽고 이 세상에 없으므로 공이라 해서 이공(李空)이라고 하였다. 그리하여 이세종은 가족의 족보에 기록된 자신의 이름을 먹으로 칠하여 보이지 않게 하였으며, 사람들에게는 자신을 "이공"으로 부르도록 하였다.

이공은 기도 중에 "도인은 화려해서는 안 된다"는 영음을 세 번이나 들었다고 한다. 이때로부터 이세종은 세상을 버리고, 재산을 털어 가난한 사람들에게 나눠주고, 살생을 금하고, 아내와 해혼하여 남매처럼 지냈으며, 성경이면 족하다고 다른 책은 보지 않았으며, 육식을 금하고, 남의 신세를 지지 않았다.

이세종은 자아를 버리고 가정과 재물을 초월하여 오직 주님의 은총에 힘입어 이웃 사랑하기만을 힘썼다. 그는 무엇보다 하나님의 말씀을 파고들었다. 말씀을 파고 또 파서 말씀으로부터 오는 생명의 생수를 퍼내어 기쁨으로 찬양하고 하나님께 영광을 돌렸다. 항상 아버지의 뜻을 좇아 사신 그리스도의 거룩한 삶을 본받아 살고자 노력했다. 이세종은 항상 제자들에게 '파라, 파라, 깊게 파라. 얕게 파면 너 죽는다.' 하면서 성경말씀을 깊이깊이 파고들도록 가르쳤다. 말씀 속에서 영생의 샘물이 터져 나오기까지 깊이 기도하지 않으면 참된 믿음에 들어갈 수 없다는 것이다. 이공의 평소 모습을 알 수 있는 일화가 전해진다.

"어느 해인가 광주 교회에서 사경회가 열렸다고 해요. 이 소식을 들은 이공(이세종) 어른은 사경회 한 주간 동안 먹을 음식을 미리 준비하여 광주로 갔답니다. 광주에 가서 보니 시가지 한 복판으로 흐르는 광주천 개울가에 많은 거지들이 움막을 치고 살고 있는 거예요. 그 모습을 본 이공은 걸인들이 살고 있는 천막에 들어가 가져온 모든 음식을 나눠주었대요. 그래서 사경회 기간 동안 자기는 내내 금식하면서 말씀을 들어야만 했답니다. 사경회를 마치고 광주에서 도암 등광리에 있는 집을 향해 약 80리나 되는 길을 걸어온다는 것은 결코 쉬운 일이 아니었어요. 허기진 배를 움켜쥐고 오다가 너무 지쳐서 길가에 그만 쓰러져 누워버리고 만 것이었죠. 한참 동안 쓰러져 있는데 갑자기 뱃속에서 뜨거운 성령의 불기운이 일어나는 것을 느꼈답니다. 그 후 몸이 가벼워져 자기 몸이 바람에

날리듯 가볍게 집까지 쉽게 올 수 있었다는 이야기를 들었지요."<호세아를 닮은 성자>

"참다운 구제란 자기가 쓸 몫에서 떼어 내어 하는 것이다. 자기가 먹을 것 안 먹고 해야지, 먹고, 입고, 쓸 것을 다 쓰고 남은 것으로 구제하는 것은 가치 없는 일이다! 헐벗은 사람에게 옷 한 벌 주더라도 자기가 입은 옷이 다 해어져 누더기가 되기까지 입으면서 주어야 참 동정이 된다." 이세종 말씀 <동광원 사람들, 김금남> 중에서

"남부지방 화순이라는 곳에 이상한 사람이 한 분 계신다. 그는 서양 요리를 먹고 비단옷을 입은 성자가 아니라 헐벗고 굶주린 성자이다. 그는 학식도 지위도 없는 산골 농부이다. 그러나 그가 그리스도의 사랑을 배운 후로는 그리스도를 위하여 모든 것을 버리고 고난을 즐겁게 받고 있다. 그는 음식을 먹어도 사람이 차마 먹지 못할만한 것을 먹고 있다. 아무리 좋은 음식을 주어도 결코 먹지 아니한다. 그는 불쌍한 거지나 어려운 삶을 사는 빈민들을 생각하면 부드러운 밥이나 맛있는 반찬이 목에 걸려 넘어가지 않는다고 하였다. 그는 잘 때에 이불을 덮어도 몸을 절반만 가리고 잔다. 왜 다 덮지 않느냐고 물

으면 추운데 잘 곳이 없이 길가에서 떨고 있는 사람들을 생각
하면 차마 이불을 끌어다 덮기 어려워 손이 떨린다고 한다. 나
는 다만 그의 순진한 사랑과 그리스도의 고난을 본받아 실천
하여 보려는 열성만을 존경하고 사표 삼고 싶은 것이다." 정경
옥 교수

등광리 개천산 아래 이공기도처. 산당을 짓고 제사하던 곳,
회개 후 성경을 묵상하는 가운데 십자가의 도와 하나님의 은혜를 깨달은 곳

이세종이 예수를 알지 못했을 때는 여느 보통사람과 별로 다른 점
이 없었다. 성실하고 정직하게 살면서 부지런히 살림을 모았다. 머슴으
로 시작했지만 근면함과 성실함 덕분에 동네에서 제일가는 부자가 되
었다. 서른이 다 되어 결혼했지만 아이가 없었다. 아들 낳고자 하는 소
망을 품고 열심히 무당을 따라다니며 산당에 제상을 차리고 기도를 했

다. 그러다 그만 무당이 죽고 말았다. 그때 누군가 그에게 복음을 전했다. 기독교의 복음을 접하고 그는 모든 과거를 청산하고 새 사람으로 변화 되었다. 천지를 창조하신 하나님을 찬송하고 인류를 구원하신 예수님을 본받아 사랑의 화신이 되었다.

우선 자기에게 빚진 자들을 불러서 모든 빚을 탕감해주고 빚 문서를 모든 사람들 앞에서 불살라버렸다. 가진 땅의 절반은 복음을 전하는 일에 사용해 달라며 장로교 전남 노회에 기부하였다. 그리고 남은 재산을 팔아 가난한 자들에게 나눠주었다.

이세종은 의식주 문제를 초월했다. 먹는 문제, 입는 문제를 초월했고, 성문제도 초월했다. 그는 자기의 몸과 마음을 자유자재로 통솔할 수 있었다. 대로는 수십일 동안을 굶기도 하고 어떤 때는 하루에 일곱 번을 먹기도 했다. 특히 음식에 대한 절제가 철저했다. 어떻게 살아야 되는지 묻는 제자에게 "어디를 가든지 자기 욕심을 내지 말고 무엇이나 봉사하려고 해야 한다. 아름다운 꽃 한 송이를 보고도 탐이 나서 따라가다가는 반드시 시험에 빠질 것이다." 하고 탐욕과 정욕을 경계했다.

이세종은 날마다 천태산 기슭, 그리고 개천산을 오르내렸다. 산에서 마을이 내려다보이는 오솔길을 천천히 걷고 있는 이세종은 울고 있었다. "하나님, 이 죄인들을 어떻게 하실라요?" 그의 마음속엔 자비심이 강물처럼 넘쳤다. 걸음마다 눈물이었다. 이탈리아의 성자 프란치스코가 언제나 울며 거리를 지나갔듯이 이세종도 자비가 충만하여 걸음마다 눈물을 흘리면서 남의 영혼을 생각하며 하나님께 호소하였다. 이세종은 예수 믿다가 타락한 이를 생각하고는 눈물을 흘리며 기도하고, 누구의 집을 방문할 때는 대문 밖에서 잠깐 발을 멈춰 서서 자기 마음을 반성해 보고 자기 속에 사랑이 없으면 그 집에 들어가지 않고 되돌아갔다. 그는 추운 겨울에도 이불을 가슴 위로 덮고 자지 않았다. 이 추운 밤에도 남의 집 처마 아래서 웅크리고 밤을 지새울 사람을 생각해서였다. 그는 밥을 먹을 때도 땅바닥에 차려놓고 먹었다. 예수께서 네 이웃을 네 몸과 같이 사랑하라고 했는데 걸인들에게 일일이 상을 차려줄 수가 없어서 자기도 땅에서 밥을 먹는다는 것이다. 그는 굶주리는 사람들을 위해서 차마 먹을 것을 입에 넣지 못했다. 남이 죄를 짓는 것만 보고도 울었고, 남이 불행을 당하면 달려가서 함께 울었다. "만물들아! 다 함께 하나님을 찬양하세!" 아름다운 산천과 우거진 숲을 바라볼 때면 이세종은 한량없이 기뻤다. 그는 성 프란치스코에 대해서는 전혀 들어본 일이 없지만 프란치스코가 해와 달과 벌레들을 보고 하나님을 찬양하고 노래했듯이 이세종도 황홀한 환희 속에서 그렇게 노래했다. 그는 모든 성인이 그렇듯이 사람뿐만 아니라 산천초목과 금수, 곤충에 이르기까지 만물을 사랑했고, 생명을 지닌 모든 것들을 경외하고 넘치는 자비심으로 대했다. 그는 산길을 지나가면서도 사람들의 머리를 쓰다듬듯이 풀잎을 쓰다듬어 주면서 다녔다. 길에 뻗어 나온 칡넝쿨은 밟지 않고 옮겨 놓고 지나갔다. 누가 밟은 넝쿨을 들고는 탄식하며 넝쿨에서 흐르는 진액이 피 같다고 했다. 자기 발밑에 밟혀 죽어가는 개미를 보고는 눈물을 흘렸다. 이나 빈대도 죽이지 않았다. 파리도 문을 열고 밖으로 몰아내긴 했어도 죽이진 않았다. 자기 집 구정물 통에 쥐가 빠지면 나뭇가지를 꺾어 사다리를 놔 주어 쥐가 도망치게 해주었다. 부엌 구석에 독사가 있어도 때려잡지 않고 나뭇가지로 슬슬 몰아 밖으로 내쫓아 보내면서 "큰일 날 뻔 했다."고 중얼거렸다. 그는 사람의 먹을거리라고 해서 마음대로 살아 있는 동물과 식물에게 횡포를 가해서는 안 된다고 믿었다. 생명은 대소, 고저를 막론하고 하나님께서 주신 것이고, 그분께서 주관하시는 것이다. 자연과 인간을 포함한 온갖 생명에 대한 사랑, 여기에 이세종의 토착적 영성의 핵이 있다. 그는 한편으로 자신 속에 있는 감각적 욕망을 제어하며 살았고, 다른 한편으로는 자연을 이루는 생명을 하나같이 제 몸을 위하듯 존중하고 사랑했다.

일제 말기에 신사참배가 강요되었다. 그는 신사참배를 피하여 산속으로 들어갔다. 산에 들어가 풀뿌리와 거친 죽으로 연명하며 말씀을 묵상하고 기도하며 찾아오는 제자들에게 성경을 가르쳤다. 그가 떠날 때 남겨놓은 것은 바가지 2개뿐이라 한다. 그때가 해방을 3년 반을 앞두고 있던 1942년 2월의 이른 봄날이었다.

민중 신학자 안병무 박사는 이세종에 대한 회고담을 이렇게 쓰고 있다. "이공의 영상이 가끔 겹친다. 그는 언제나 불을 때지 않은 방 안에서 누더기 이불을 반쯤만 가리고 잤으며 보리밥만 먹었다고 한다. 집 없이 추위에 떨면서 주리는 사람들을 생각해서였단다. 이공은 단순히 이 상주의자만은 아니었다. 그는 사회개혁에 몸을 내던지지는 않았지만 종말에는 자기 재산을 송두리째 내어놓았다."

3. 동광원 화순 분원

1948년 여순사건의 여파로 고아들이 발생하자 이현필은 화순으로 내려가 제자 김준호에게 말하길 "준호는 결핵으로 죽은 몸이고 나는 죄로 죽은 몸이오. 동족들이 피 흘리는 곳으로 내려가서 고아들을 돌봅시다."고 했다. 제주파병을 거부하고 반란을 일으킨 여수의 14연대 군인들은 산속으로 쫓겨 빨치산이 되었는데 일부는 화순의 화학산으로 몰려왔던 것이다. 그래서 이현필은 1949년 초봄에 도암면 봉하리 청소골에 3칸 초가집을 매입하여 고아 8명을 데리고 고아사업을 최초로 시작하였는데 보모는 정규주, 교사는 김준호가 담당하였다. 이후 1950년 광주에서 동광을 설립하여 고아들을 돌보다가 1954년에 해체되었는데 동광원이 그리워 다시 돌아온 고아들 55여명을 데리고 대포리 산 아래에 움막을 치고 돌보기도 하였다.

1955년 백춘성 장로는 어머니의 회갑잔치 대신에 "걸인잔치"를 베풀었는데 그때 그 자리에 참석하였던 이현필은 도암으로 갈 제자들을 제비뽑기로 선발하였다. 이때에 뽑힌 사람이 방순갑이었다. 보모 임연

임과 유녀반 7명, 보모 방순갑과 남애주와 자립반 10명이 도암으로 향하였으며, 이때에 김준호도 함께 동행 하였다. 도암에 도착한 식구들은 식량이 없어서 쑥을 죽으로 쑤어서 생활을 유지하였다. 이처럼 힘든 식사준비는 이연남씨 어머니가 도맡았다. 1955년 생필품 마련이 힘들던 그런 시절에 중촌에 살던 수레기 어머니를 중심으로 김은연, 김춘일 등 동광원 식구들은 용강리 마을에 수해가 나자 구호물자를 동네에 나누어 주었다.

그 후 1956년 봄, 이현필, 정한나, 이희옥, 노종순, 방순녀, 김정순, 방순남이 보모로 소녀반 30여명을 데리고 가서 식구들이 모두 60여명으로 불어나게 되었다. 그 당시 동광원에서는 동네 청년들에게 야학을 실시하기도 하였다. 그러다가 1962년에 소녀반 30명이 광주로 다시 나왔다.

화순군 도암면 분원은 1962년 동광원 제2회 총회를 개최한 곳이기도 하며, 양인운, 이성제가 소년반을 훈련시키던 장소이기도 하다. 한때 도암 분원에는 60여명이 생활하기도 하였으나 2019년 현재는 이국자 언님과 몇몇 사람만이 생활하고 있다.

동광원 화순 분원을 오랫동안 지키며 살았던 분이 김춘일 원장(1930-2013)이었다. 김춘일 원장은 동광원 식구들의 생활에 감동을 받은 어머니의 권유로 목포 성경학교를 다니다가 동광원 진도 분원을 방문하여 이현필 선생도 만나보면서 점점 마음을 굳혀가지 시작하였다.

김춘일은 1952년부터 진도 분원에 가끔씩 다녀보다가 1953년 늦은 봄에 양림동 YMCA 회관에 있는 동광원에 가입하여 생활하다가 그해 겨울에 화순군 도암면으로 옮겨와서 본격적인 동광원 수도생활을 시작하였다.

김춘일원장은 자신이 동광원에서 생활하는 동안에 진도출신으로 동광원을 위해 땅을 기부하신 곽칠금 어머니를 잊을 수 없다고 했다. 그래서 남원 대산면 동광원에 살고 계신 곽칠금 어머니를 보살피기 위해 1984년에 남원으로 갔다가, 곽칠금 어머니께서 1985년에 소천하신 이후에는 다시 화순군 도암 분원으로 돌아와 수도생활을 하셨는데 2013년 6월 84세로 세상을 떠났다.

김춘일 분원장은 스승 이현필과 오북환장로님에 대한 회고록을 작성하여 〈동광원 사람들〉에 수록되었다. 그가 회고한 한 토막이다.

어느 때 새벽마다 강당에서 기도하는데, 시꺼먼 물체가 닥쳐오곤 하였다. 어떤 시련을 이기기 위해서 싸울 때에, 이 같은 각종 환상이 있었다. 음성도 없고, 시꺼먼 물체가 기도할 때마다 나타나고...이렇게 답답한 심정이었다. 그리하여 이 선생님께 사정을 이야기를 하였더니, "집에 불이 붙었는데 손가락에 침 발라서 꺼볼라 해 보시오" "큰 구루마에 짐을 싣고 손가락 하나로 끌어보려고 하시오" 하셨습니다. 내 힘이 아니라 믿음으로 주님께 의지해야 된다는 말씀이었습니다.

등광리를 지나 용하리를 거쳐 가면 도장리 마을이 나온다. 이세종의 부인인 '한골댁' 문순희 여사와 이현필의 부인인 황홍윤 여사가 말년을 보내다 세상을 떠났던 곳이다. 그분들이 세상을 떠나자 마을 앞산에 모셨는데 한영우 장로께서 관리하시다가 수년전에 등광리로 이전하여 그 앞에 조그마한 비석을 세워놓았다. 당시 문순희 여사의 죽음을 들은 유영모 선생은 다음과 같이 그의 일지에 기록하고 있다. "1971년 2월 11일 이세종님의 마나님 돌아가시다는 말씀 듣다. 듣건대 거듭거듭 많이도 거듭 살아서 돌아가시었다고나 느껴진다"(다석 일지, 1971. 3. 29.)

그분들의 무덤에 가서 가슴 열리는 사랑의 이야기를 듣는 이는 누구나 눈물이 흐르게 될 것이다. 이 두 여인들은 성자 남편을 둔 이유로 고난을 겪고 악처의 역할까지 감당해야 했다. 이세종은 30세 때 14살짜리 시골 처녀를 아내로 맞았다. 이세종이 예수를 믿고는 순결생활에 대한 깨달음이 와서 아내와 이혼은 하지 않으면서도 한방에 거처하는 것을 거부하고 남매처럼 지냈다. 그렇게 하는 길이 예수의 가르침대로 사는 길이라고 생각하였다. 밤에 아내가 남편 방에 기어들어오면 내쫓았다. 건강하고 무지한 아내는 참다못해 본 남편을 버리고 딴 남자에게 두 번이나 시집을 갔다. 그럴 때면 이세종은 아내가 쓰던 세간을 사람을 시켜 지게에 옮겨다 주었다. 그러고는 아내에게는 하나님을 잊어버리지 말라고, 아무 때든지 회개하고서 돌아오라고 간곡히 타일러 주었다. 그러고는 때때로 아내 집에 심방을 갔다. 어떤 때는 아내의 새 남편 전처의 어린애들에게 주려고 사탕을 사 가지고 찾아갔다. 아내는 이세종에게 찾아오지 말라고 간곡히 부탁했지만, 그래도 또 찾아가면 아내는 구정물을 바가지로 떠서 이세종에게 물벼락을 뒤집어 씌우면서 "오지 말라는데 왜 자꾸 오느냐."고 대들었다. 이세종은 구정물 세례를 받으면서도 부인을 향해 "예, 하나님을 잊어버리지 마시오. 하나님을 꼭 잊어버리지 마시오. 살다 살다 못 살겠으면 또 나를 찾아오시오!" 하고 간곡히 권면하였다. 이세종은 참으로 호세아를 닮은 사랑의 성자였다. 그는 초목을 사랑하고 짐승들과 벌레도 사랑하고 개미와 지렁이, 그리고 지네와 독사까지 사랑하고 모든 사람을 사랑하고 원수까지 사랑하며 이제 창녀같이 여러 남자를 따라가는 음탕한 아내까지 사랑했다. 사랑의 선지자 호세아가 음녀로 타락한 아내 고멜을 찾아가 타이르듯이 이세종도 능주로 시집간 아내의 집을 또 찾아 다녔다.

부인 문순희는 그 후부터는 마음을 고치고 남편의 감화로 변해 갔다. 말년에 이세종이 세상을 버리고 깊은 산 속에 숨어 살 때에도 부인은 끝까지 떠나지 않고 따라다녔고, 그녀도 남편처럼 거지꼴로 살았다. 그녀는 이세종이 세상 떠난 뒤에도 그 자리에 묘를 쓰고 남편의 무덤을 삼 년 동안이나 지키면서 혼자 살았다. 다시 돌아온 그녀의 말년은 아무도 돌보는 이 없이 고독했으나 꾸준히 지난날을 참회하면서 이세종의 가르침대로 살았다. "나는 세상에 와서 그렇게 잘 믿는 남편을 만난 행복자이다."하면서 감사했다. "내가 예수를 안 믿었다면 어떻게 되었겠는가?" 하면서 자기 같은 여자가 좋은 남편 만난 덕에 예수 믿고 구원 얻은 것을 감사했다. 이세종이 세상 떠난 뒤에도 부인은 수십 년 더 살면서 77세에 임종할 때까지 남의 폐를 끼치지 않고 혼자서 손수 농사를 지으며 살아갔다. 이세종의 길은 사랑의 길이었다. 그의 신비적 사랑은 끝없이 열려진 사랑, 무차별의 사랑으로 나타났다. 그가 보여준 그리스도의 사랑이 지닌 무차별성과 무제약성은 일곱 번씩 일흔 번이라도 용서하고 사랑하는 삶으로 나타나 고멜과 같은 아내를 완전히 변화시키고 만 것이다. 이현필 선생의 부인 황홍윤도 '한골댁 어머니'에 뒤질 것이 없었다. 광주 백영흠 목사의 처제인 그녀는 결혼 후 얼마 지나지 않아 도를 깨달은 남편이 잠자리를 같이 하지 않고, 거지와 고아들을 데리고 다니면서 집안 살림을 멀리하자 남편이 아니라 원수가 되었다. 그래서 한 때는 칼을 품속에 가지고 다니며 살해할 기회를 노릴 정도로 남편을 미워하였다고 한다. 그녀는 '너 죽고 나 죽자'는 마음을 먹고 독약과 칼을 품고 남편을 쫓아 다녔던 때도 있었다.

황여사는 늘그막에 병이 들어 도장리로 들어와 정월례 자매의 집에서 3년 동안 기도하며 살다가 1998년 83세로 세상을 떠나 '한골댁'과 나란히 묻혔다. 말년에 그녀는 옛 남편에 대한 그리움과 뉘우침 속에 이현필 선생이 남긴 빛 속에 성화되어 갔다. 그래서 사람들을 만나면 "예수 믿겠으면 이현필처럼 믿으라."고 권하였다.

황홍윤 여사는 날마다 창문을 열고 멀리 보이는 문순희 여사의 무덤을 바라보며 "당신이 부럽소. 당신이 부럽소."하였다. 그리고 "그때 내가 바늘구멍만치라도 귀가 뚫렸더라면 오늘 이렇게 되지는 않았을 것을…"하고 참회하다가 세상을 떠났다고 한다.

황여사의 시신도 앞선 문순희 여사의 무덤 곁에 가지런히 누웠다. 생전에는 남편을 이해하지 못했으나 남편이 세상을 떠난 뒤 뉘우치고 남편들이 남긴 빛 속에 참회와 성화되어 가는 삶을 살다가 간 두 여인의 삶이 그분들의 무덤 앞에 서면 애잔한 감동으로 다가온다. 이들 두 어머니를 모시며 시중들었던 도장리 마을의 정월순 · 정월례 자매는 이세종이나 이현필 선생을 만나본 일이 없었으나 건너 마을 동두산 교회 송동근으로부터 이세종 선생 이야기를 듣고는 '이공님의 예수'를 믿기 시작한 것인데 이들 두 자매가 두 어머니를 모시며 돌보게 된 것은 하나님의 자녀요 이공님의 제자로서 도리를 다했던 것이다.

"사람은 괴롭게 살다가 즐겁게 죽어야 하는 것입니다. 예수님께서도 이렇게 일생을 마치셨습니다."(엄두섭 엮음, 「순결의 길 초월의 길」, P.223.) 이 말은 맨발의 성자 이현필 선생이 제자들에게 한 설교의 핵심 내용이다. 그는 자기가 설교한 그대로 고난 가득한 삶을 살다가 기쁨으로 이 세상을 떠나간 향기 나는 참 예수꾼이었다.

이현필은 예수 잘 믿으려면 오장치를 짊어지고 나서야 한다면서 스스로 자기 이름을 '헌 신짝'이라고 불렀다. 양복과 구두를 벗어 던지고 떨어진 거지 옷을 입고 발에는 신을 신지 않고 겨울에도 맨발로 일생을 그렇게 살았다. 머리는 삭발을 하고 콧물은 손잔등으로 닦으면서, 음식은 주로 쑥을 뜯어 먹고, 그것도 죄인이라 하여 밥상을 차리지 않고 맨땅에서 먹었다. 그는 세상 떠나는 순간까지 철저히 자신을 부인하고 그리스도를 본받아 자기완성을 이루려고 몸부림치며 나아갔다. 그의 삶은 고난 덩어리였다. 이런 그가 벽제 계명산에서 세상을 떠날 때 "아이고 기뻐! 오, 기쁘다. 못 참겠네. 이 기쁨을 종로 네 거리에라도 나가서 전하고 싶다."고 외치면서 고요히 눈을 감았다. 그는 괴롭게 살다가 즐겁게 죽었다.

괴로웠기에 그토록 기뻐하였고 행복한 삶을 살아간 성인을 찾아가는 길은 광주에서 화순 도암까지 약 80리 길이다. 도장리에서 남쪽으로 4km 정도 내려가면 도암면 사무소가 나오고 그 안쪽으로 들어가면 이현필이 태어난 용하리(권동) 마을이 보인다. 그곳에 이현필의 생가가 있는데 현재는 동광원에서 개축하여 관리하고 있다. 이현필이 자라나고 기독교 신앙을 접한 곳은 거기서 남쪽으로 10리 떨어진 중촌(中村) 마을이다. 용하리에서 용강리를 거쳐 왼쪽으로 돌면 '중장터'가 나온다. 옛날 운주사 스님들이 장보던 곳이라 해서 붙여진 이름이라 한다. 중장터를 지나 화순군 도암면 호암 2구에 중촌 부락이 있다. 30호쯤되는 작은 산골 마을로 여기 동광원 화순 분원이 자리 잡고 있다.오랫동안 그 터를 지켜온 김춘일원장께서 세상을 떠나자 하춘자, 이국자 자매등이 지금도 농사지으며 외로이 수도하고 있는 영혼의 도장이다. 김춘일 수녀는 장로교 목사의 딸로서 성경학교를 나와 결혼 이야기가 오고 갔으나 마다하고 이현필 선생을 따라 나섰고 1953년에 동광원에 들어와 처녀의 몸으로 일생을 독신 수도하며 사신 분이다. 예수님을 모시고 진리에 대한 그리움을 찾아 마음 깊은 곳에 사모함이 사무쳐 한 송이 붉은 꽃으로 피어버린 사랑의 사람이었다. 지금은 그분의 자취만 남아있지만 여전히 동광원 도암분원의 정신적 지주역할을 하고 있다. 그는 동광원 수녀들 가운데서도 가장 지적이요 해박하신 수재였으며 아마도 여인으로서는 이현필 선생의 뜻을 가장 잘 이해하며 따랐다고 할 것이다. 쓸쓸한 산골 마을 외딴집에서 홀로 엎드려 기도하며 깨끗한 순결을 지키고 주님만 바라보며 이웃과 함께 사랑으로 살아가는 아름다운 사람들. 보기만 해도 동광원 수녀들에게선 향기가 난다고 하겠다.

중촌부락에 있는 동광원 화순분원

동광원 화순 분원을 지키고 있는 수녀들은 그 고된 노동과 가난한 생활 속에서도 기도와 말씀으로 행복한 삶을 살고 있었다. 무엇보다 신앙의 옳은 길을 손수 모범으로 보이시며 안내해주는 이현필 스승을 만난 것이 가장 큰 행복의 원천이라 하였다. 이현필 선생이 세상을 떠난 지 오래된 어느 날인가 김춘일 수녀는 눈물을 흘리면서 이렇게 말한 적이 있다.

이미 고인이 되신 언님들 (왼쪽부터 이국자, 박공순, 김춘일)

"스승님은 예수님의 인격을 몸소 제게 보여 주셨습니다. 사실 예수님이 어떻게 생겼는지 저는 알 수 없었습니다. 성경을 늘 보았어도 예수님을 바로 이해하기는 너무도 거리가 먼 느낌이었습니다. 그러나 스승님을 만나서 그분의 말씀과 행동을 통해서 저는 비로소 '예수님은 바로 이런 분이시다.'라는 것을 내 눈으로 보고 마음으로 느꼈습니다. 그분은 말로만 가르치신 것이 아니라 자기의 피를 태워 그것으로 진리의 촛불을 켜들고 모든 사람을 향해 '인생의 갈 길은 이 길이다. 인생의 참행복이란 이것이다.'라고 예수님을 우리에게 보여주신 위대한 스승이었습니다. 그분은 무엇보다도 한평생 하나님의 뜻대로만 살려고 최선을 다하고 전심전력하여 사신 분이었습니다." (엄두섭,「맨발의 성자」, PP181~182) 동광원 화순 분원에서 매일 드리는 새벽예배 시간에 김춘일 원장은 찾아오는 이들에게 늘 전하는 말씀이 있다. "만물은 내 지체요 인류와 이웃은 내 몸이다."

"오늘 속에 영원이 들어있고 영원 속에 오늘이 들어있다."

"개체완성이 곧 우주완성이다."

"주님이 우리를 만나러 오신 자리가 마굿간이다."

"내 피를 내놓아야 예수님의 피(사랑)를 볼 수 있다."

"농사는 기도요, 복이다."

"사람은 괴롭게 살다가 즐겁게 죽어야 한다."

"순결이 곧 구원이다."

이제는 그렇게 맑고 카랑카랑한 김춘일 원장의 음성을 들을 수 없지만 남겨주신 말씀은 고요한 묵상 가운데 생명의 소리로 우리의 영혼을 파고든다. 이는 분명 예언자의 소리요, 광야에서 외치는 자의 소리요, 세상에서 들어보지 못한 소리, 사막에서 온 편지처럼 영적임에 틀림이 없다. 우리를 깨우치는 이 소리를 듣고 봄날 만물이 깨어나듯 모두가 깨어 일어나길 기도한다. 깊은 산골 중촌의 작은 마을에 들꽃처럼 숨어있는 동광원 화순 분원에서 들려오는 맑고 가느다란 소리, 영혼을 깨우는 세미한 소리가 온 땅을 울리는 굉음으로 퍼지게 되는 날이 오게 될 것이다.

화학산에서 내려오는 길에 하수락 마을이 있다. 도암면 봉하리에 있는 마을인데 할미 폭포에서 물 떨어지는 것을 표현하여 수락이라 하였다. 비가 와서 많은 물이 떨어질 때면 아름다운 무지개가 피어난다고 무지개 마을이라고도 한다. 하수락이라 함은 아랫 쪽에 마을이 자리 잡고 있음을 뜻한다. 동광원 언님들이 그리며 존경하는 수레기 어머니, 즉 이원희 장로의 친모인 손임순의 친정집이 있는 마을이다. 십여 채의 집들이 옛날 옛적 그대로의 모양으로 고요히 살고 있는데 동광원 사람들은 이 마을을 수레기 마을이라 불렀다. 일찍이 이세종 선생이 자기의 후계자로 지목한 제자가 둘 있었는데 남자로는 이현필이고, 여자는 수레기 어머니였다. 그는 본래 이세종의 수제자요, 여자들 가운데 가장 깊은 신앙을 지니고 스승을 따랐다. 그래서 남자 가운데 이현필이 있다면 여자 가운데 수레기 어머니가 있다고 하였다. 이세종이 세상을 떠난 뒤 손임순은 이현필을 따라서 동광원에 들어와 식구들을 이끌며 살았다. 정한나, 정귀주와 함께 동광원 3여걸이라 불리었는데 그 가운데서도 부지런하기로 수레기 어머니가 첫째였다. 한창 농번기에 사람들은 고된 일에 지쳐서 세상모르고 쓰러져 자는 밤중에도 수레기 어머니만은 밤중에 혼자 일어나 보리를 까불고 있었다고 한다. 그렇게 동광원의 모든 언님들의 존경과 본이 되었던 수레기 어머니는 나주군 방산 뒤로 흐르는 강물에 홍수가 나서 익사했다고 한다. 중촌부락에서 중장터로 가는 강을 건너는 돌 징검다리를 장마 끝에 건너가다가 급한 물결에 휩쓸려 떠내려갔던 것이다. 그 당시 도암에서 수레기 어머니와 함께 살았던 김춘일 분원장은 그때 일을 이렇게 전하고 있다.

"언젠가 등광리 사람 하나가 배가 부어 죽었다는 소식을 들었어요. 그때 '난 그렇게 안 죽을래요. 오다가다 물고랑에 엎어져 죽을래요.' 하시길래 '어머니, 왜 그런 말씀을 하십니까? 말이 씨가 되는데요?'라고 했더니 '춘일양, 생각해 보시오. 예수님은 나 같은 죄인을 살리기 위해 십자가에서 고난을 당하고 죽었는데 나 같은 죄인이 어떻게 편하게 자리에 누워 죽기를 바라겠소?'하고 대답하시는 거예요. 존경하는 믿음의 어머니는 그날 두 번 다시 못 돌아올 다리를 마지막 건너가셨습니다."

"세상 떠나기 며칠 전부터 수레기 어머니는 밤이면 잠도 안 주무시고 밖에 나가 하늘을 쳐다보시면서 '저 별들 좀 보시오. 전에는 없던 저 큰 별들이 아름답게 반짝이고 있소!'하시면서 기뻐하셨다."

"거룩하시고 자비하신 아버지의 참 딸 되어 아버지 뜻대로 살다가 아버지 기뻐하신 뜻을 이루고 가신 어머니. 사람들은 흉사라고 떠들어댔지만 어머니야말로 고난의 길, 사랑의 길, 복음의 길을 올곧게 걸으시고 승리의 막을 내리셨습니다."(김춘일 원장이 쓴 노트)

4. 도구박골
*호암리에서 우치리 가는 도중에 있는 왼쪽 금성산 골짜기

이세종은 말년에 세상과 사람을 떠나 산에서 산으로, 보다 더 깊은 산으로 들어갔다. 옛날 이집트의 수사 안토니처럼 깊은 산에 숨어 철저한 고독과 침묵 속에 살았다. 고독과 침묵은 모든 수도자들이 영성을 길러가는 두 가지 방편이다. 이제 그에게 남은 것은 오직 하나님 한 분밖에 없었다. 화학산 도구박골은 주위 십리 안에 인가가 없는 수도의 적지였다. 이세종은 이 도구박골에서 돌로 울타리를 쌓아놓고 그 안에 있는 큰 바위에 올라 앉아 매일 하늘만 쳐다보면서 명상하였다. 얼마 후 더 깊은 산 자기의 마지막 장소를 찾아 거기서 떠나 화학산 각시 바위 넘어 한새골에서 최종 말년을 보냈는데 그곳은 인가가 전혀 없는 산중이었다. 그를 따르는 제자 박복만을 시켜 통나무집을 나흘간 지었는데 겨우 두 사람이 들어가 살 수 있는 집이었고, 문도 성경대로 좁은 문이었다. 허리를 굽혀야 들어갈 수 있었다. 이세종은 평소에 가르치기를 "예수 믿는 길은 좁은 문이다. 좁은 문도 그냥 들어가는 좁은 문이 아니다. 십자가를 지고 좁은 문을 들어가야 한다."고 했는데 실제로 그런 집을 지었다. 이 한새골 움막 좁은 문도 이세종은 너무 크다고 했다. 제자가 "다시 뜯어 다시 좁게 할까요?" 하고 물으니 "얼마나 오래 살 것이라고 내버려 두시오." 하였다. 결국 그 집에서 삼 년을 더 살다가 세상을 떠났다. 이세종의 길은 좁은 길이었다. 우리 생각에는 큰 문 열어놓고 대대적으로 전도하며 "아무나 와도 좋소!"하고 싶으나 진리는 언제나 좁은 길이다. 이 세상에서 진리는 소수의 사람들에게 환영받는다. 세속적 기독교는 넓은 문이다. 참 신자가 찾아가야 하는 길은 좁은 문, 좁은 길이다. 좁은 문도 그냥 들어가는 것이 아니요, 십자가를 지고 들어가는 좁은 문이다. 나사렛 예수의 길은 바로 이 길, 좁은 길이다

　　이현필이 1943년 초에 한 차례 다녀 간 후 남원 공동체는 1944년이 되면서 각각 흩어졌다. 피신의 목적은 일제의 신사참배 요구와 남원읍 교회의 눈총도 있었기 때문에 일단 헤어지기 시작하였다. 강남순(김금남의 어머니)는 구례군 산동면 둔사리 서리내로, 오북환은 남원군 주천면 주레기에 있다가 전남 화순군 도암면 둔전리 도구박골로, 서재선 집사의 가족은 전남 곡성군 죽곡면 원달리로, 배영진 집사의 가족은 순창으로 떠났다. 오북환 가족은 전라남도 화순군 도암면 도구밖골로 은거하였다. 그곳에서 오북환은 이현필과 더불어 해방을 맞이할 때까지 말씀 탐독과 기도에 전념하면서 노동 수도자로서의 모습을 갖추기 시작하였다.

　　물론 오북환은 목수였기 때문에 때로는 목수일도 하였지만, 그의 삶은 철저하게 이현필의 뒤를 따르는 수도자의 삶이었다. 오북환이 후일에 동광원의 지도자로서 일할 수 있었던 것은 1944년부터 1946년 초까지 이현필의 가르침에 따라 도구박골에서 영적 수련을 쌓았기 때문이다. 이 시기에 비록 가족을 대동하였지만 이미 출가한 상태라고 보아야 할 것이며, 아내와 자녀들은 하나님께 맡길 뿐이었다.

1969년 도구박골 움막집 앞에선 수녀들: (왼쪽부터) 정신영 최오남 김남예 최호님

김금남이 도구박골에서 수양하던 기간에 있었던 각종 체험과 결단은 지난해 나온 김금남의 자서전 『나는 온전함을 따라 다르게 살기로 했다』에 잘 기록되어 있다.

각수바위는 숨은 성자 이세종 선생이 하늘만 쳐다보며 기도하던 자리이다. 감나무골로 더듬어 올라가면 바람재가 있고 그 뒤로 그다지 높지 않은 봉우리 소반바위라고 불리는 곳이 있다. 큰 바위가 생긴 모양이 소반(작은 밥상) 같다고 해서 붙여진 이름이다. 이 소반바위 위에서서 멀리 바라보면 바람재 너머로 아득히 영광 월출산의 아름다운 모습이 보인다. 마치 금강산 같다. 소반바위는 크지 않은 평범한 바위이지만 유서 깊은 곳이다. 수도자들이 숨어 살던 곳이다. 일제 말엽에 신사참배를 피하여 이 산속에 피신하여 숨어 살던 여러 사람들 가운데 이상복 장로는 이 소반바위 옆에다 산막을 치고 숨어 지냈다고 한다. 그는 이세종의 제자였다. 지금도 이 바위 밑 땅에는 당시 그가 심었던 돼지감자(뚱딴지)가 묵은 뿌리에서 싹이 돋아 우거진 잡초 속에 섞여 그대로 자라고 있다. 갈대밭은 사람의 키를 넘게 빽빽이 우거져 있다. 6·25 때는 소반바위 이 자리에 당시 강화선씨, 허감남씨가 산막을 짓고 살았고 이현필, 정인세 선생과 그의 제자들이 오가며 숨어 지낸 곳이다.

화순 분원 식구들: 앞줄은 하춘자, 뒷줄은 왼쪽부터 김춘일, 이국자, 이채영, 복은순

2019년의 도구밖골 (이영길 수사 기거)

부록 - 안내지도

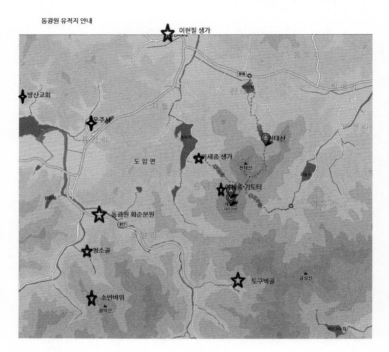

동광원 유적지 안내

이현필 생가
방산교회
오주제
신태산 Ⓑ
도 암 면
이세종 생가
천태산
이공종·기도터 Ⓐ
동광원 화순분원
청소골
도구박골
금성산
소반바위
관덕산

※참고자료

『맨발의 성자』, 엄두섭, 은성출판사

『성자 이현필의 삶을 찾아서』, 차종순, 대동문화재단

『호세아를 닮은 성자 이세종전』, 엄두섭, 은성출판사

『동광원 사람들』, 김금남, 도서출판 사색

『이공 성자와 여인들』, 신명열, 도서출판 정자나무

『나는 온전함을 따라 다르게 살기로 했다』, 기독교동광원수도회, 좋은땅

제2부 • 남원지역 유적지 순례

1. 김금남 원장님(1928-2020)의 회고

제가 이현필 선생님을 처음 알게 된 때가 제 나이 17세(1944년) 무렵으로 시국은 대동아전쟁이 막에 올라섰고 한국은 이름도 없이 일제 하에 속국 되어 있었으며 믿는 사람들의 박해는 말할 수 없었습니다. 신사참배를 거역한 신도들은 옥중 생활을 하게 되었고 각 교회마다 천황 폐하에게 절을 하지 않은 교회들은 다 문을 닫게 되었습니다. 그때 이 선생님께서 복음을 전하셨으나 드러나게 다니실 수 없으셔서 은밀히 숨어서 거지 모양을 하시고 이집 저집 자리를 옮겨가시면서 복음을 전하실 때였습니다.

남원 교회도 문을 닫았는데 새벽 3시가 되면 어머님께서 성경찬송을 들고 나가셨습니다. 어디서 모임을 가지는지 들키면 감옥에 끌려가실 터인데 걱정이 되었습니다. 어머님들 몇 분이 남몰래 숨어서 예배를 드리기 위해 새벽 3시면 조용히 나가시는 것을 매일 새벽마다 보았습니다.

제가 갓난이 막둥이 동생을 등에 업은 채 잠이 들었는지 꿈을 꾸었습니다. 남원 교회 교인들이 열을 지어 어느 깊은 산길을 가게 되었습니다. 저도 그 행렬에 끼었습니다. 가다 보니까 옆으로 큰 십자가 철문이 있었습니다. 너무나 어마하게 컸습니다.

제 생각에 믿는다면 십자가문을 통해야 할 터인데 교인들은 거저

지나갑니다. 너무 엄청나게 큰 문이어서 사람의 힘으로는 감히 열 수가 없어 기도하는 마음으로 십자가 문을 힘차게 밀었습니다. 그런데 웬일입니까? 그 어마어마한 십자가 문은 곧 열렸습니다.

들여다보니까, 안에서 나비 같은 어린 소녀 천사가 양쪽 문에 1명씩 서서 문을 열어주었습니다. 그리고 안쪽에서 예수님이라고 하신 분이 나오셔서 영접해 주셨습니다. 그런데 언제 오셨는지 어머님께서는 먼저 들어오셔서 예수님 계신 곳에서 편히 쉬고 계신 것입니다.

저는 어머님 쉬고 계신 곳으로 가고 싶었습니다. 그러나 예수님께서는 때가 못 되었으니 다음에 오라 하시면서 두툼한 책 한 권을 주시면서 이 책을 다 읽고 말씀에 발을 맞추며 살고 오라고 하셨습니다. 받고 보니 신구약 합본이었습니다. 이 두꺼운 책을 언제 다 읽을까 하고 생각하면서 저는 한 손으로는 책을 받아 들고 한 손으로는 예수님의 허리를 붙잡고 그 자리에서 떠나오기가 싫어 엉엉 울었습니다.

제가 제 울음소리에 놀라서 깨어 생각해 보니 꿈이 아니란 생각이 들었습니다. 저는 결심했습니다. 어머님은 매일 새벽 예수님을 만나러 가시는데 나도 예수님을 만나러 가야겠다고요. 용기를 내서 어머님께 말씀을 드렸습니다. "어머님, 새벽마다 어디서 모임이 있습니까? 저도 가겠어요." 하니까 어머님 말씀이 "광주에서 예수 잘 믿으신 분이 오셨는데 선지자시란다. 그분은 각자 마음을 꿰뚫어 보신단다. 예배 장소는 일정하지 않고 젊은이들을 잘 안 만나시니 일단 말씀을 드린 후에 네 일은 결정하기로 하자."고 하셨습니다.

저는 꿈이지만 때가 못 되었다고 예수님 방에서 쫓김을 받은 일이 너무도 가슴이 아팠습니다. 초조한 맘으로 답을 기다렸습니다. 어머님께서 선생님 말씀이 안 만나도 만난 것이나 다름없으니 어머님을 통해서 말씀을 배우라고 하셨답니다. 저는 이 말씀을 들을 때 겁도 나고 낙심도 되었습니다. '나는 믿음을 갖지 못한 사람인가?' 하고요. 그러나 예수님을 믿지 않고는 못 살 심정이었습니다. 이 선생님 말씀대로 어머님을 통해서 배우기로 결심을 했습니다. 믿는 마음은 어머님을 따를 수 없으나 나타나는 형상으로는 믿는 흉내라고 닮고 싶어서 어머님이 금식하시면 저도 같이 금식하고, 기도 하시면 저도 같이 기도하고, 성경 보시면 저도 같이 성경을 보는 등, 어머님의 그림자와 같이 흉내를 냈습니다.

이 선생님께서 만나 주시지 않으신다니까, 더욱 뵈옵고 싶어서 동생이 깨어서 울면 젖을 먹이러 데리고 왔다는 핑계로라도 꼭 가서 뵈옵고 싶었습니다. 어느 날 새벽에 동생이 울어서 이때다 하고 동생을 업고 바쁜 걸음으로 어떻게 걸어갔는지, 황 길진씨 댁 문 앞까지 갔습니다. 그런데 문제는 이 선생님은 맘을 꿰뚫어 보신다는데, 어머님에게 배우라고 하셨는데 하는 말씀이 생각나서 들어가지를 못했습니다. 옛날에는 대문이 없고 싸릿문이어서 이 선생님께서 호롱불 앞에 무릎을 꿇고 앉아 계시는데 하얀 소복차림으로 약 80세 가량 되신 할아버지로 보였습니다. 그 모습을 훔쳐 뵈온 것만 해도 저는 만족했습니다. 선지자를 뵈었으니까요. 동생을 업은 채 걸음아 나살려라 하고 달려왔습니다. 이 때 처음 이 선생님을 뵈었던 것입니다.

선생님을 뵈옵기 전에 제 형편을 잠깐 소개하겠습니다. 전라북도 남원이 제 태생이고요. 저는 7남매 중 가운데로 제 위로는 오빠가 두 분, 언니 한 분, 저 아래로는 여동생이 세 명 이렇게 총 2남 5녀였습니다.

드러난 부자는 아니었지만 별 걱정 없이 평온한 가정에서 성장했습니다. 어렸을 때부터의 꿈은, 초등학교 교과서에서 배웠던 제2의 백의 천사 나이팅게일이 되고 싶었습니다. 제2의 꿈은 깊은 산 속에 들어가 수행하는 수행자가 되고 싶은 것이 제 꿈이었습니다.

나이팅게일과 같이 간호사가 되어, 발 없는 자의 발이, 손 없는 자의 손이, 눈 없는 자의 눈이 되어드리고 싶었고, 또한 환자들의 마음에 위로자가 되어드리고 싶어서 간호학을 지망했으나 부모님들의 적극적인 반대로 좌절하고 말았습니다. 제2의 꿈이었던 수행자는 초등학교 교과서에서 배운 말씀입니다.

내용인즉 세상의 허무를 깨달은 수행자가 깊은 산속에서 도를 닦는 중, 신의 음성을 듣고 싶어 갈망을 하고 있었습니다. 그러던 중 신의 음성을 듣게 되었습니다. 그런데 중간에 신의 말씀이 끊겼습니다. 이 수행자는 안타까워하면서 나머지 말씀을 마저 들려주시라고 간곡히 기도를 올렸습니다. 그런데 갑자기 나머지 신의 음성은 들리지 않고 무서운 귀신이 나타났습니다. 귀신의 말이 "신의 나머지 음성이 듣고 싶으냐?"고 물었습니다. 그렇다고 하니까 귀신은 꼭 듣고 싶으면 한 가지 길이 있다고 했습니다. 수행자는 한 가지 길이 무엇이냐고 물었습니다. 이 귀신의 말은 "나는 며칠이고 먹지를 못해서 배가 고파. 그러니 나머지 신의 음성을 듣거든 네 몸을 내 먹이로 허락하겠느냐?" 고 했습니다. 이 수행자는 기꺼이 승낙했습니다. 그 약속대로 신의 나머지 음성이 들려왔습니다. 마지막 음성을 다 들은 수행자는 미련 없이 약속대로 몸을 던졌습니다. 웬일입니까? 그 귀신은 귀신이 아니라 이 수행자가 진짜인가 가짜인가 시험을 하러 오신 하늘의 천사였답니다.

일제강점시대 때 초등학교 5학년 교과서에서 배운 말씀이었지만 어린 나이에도 무언지 제 앞날에 서광을 비춰준 것만 같았습니다. 제가 18세의 한참 혼기 때였습니다. 청혼도 많았고요. 결혼을 해야 하느냐 하지 말아야 하느냐의 갈림길에서 고민하고 있었습니다. 답답한 가슴을 안고 매일 새벽 성전에 나가 기도를 했습니다. "주님 제게 원하신 뜻이 무엇입니까? 주님의 뜻대로만 살고 싶습니다. 가르쳐 주세요." 매일 되풀이하면서 열심히 기도하였습니다.

때로는 수억 만인이 다 가는 길이니 나도 고민하지 말고 남이 가는 평범한 길을 갈까하고 생각을 하면, 아니야 하면서 마음은 도리질을 칩니다. 그러면 어떻게 하라신 말씀입니까 하고 한참 울고 답답한 가슴을 안고 돌아오곤 했습니다. 왜 그때는 그리도 눈물이 나왔는지요.

인생의 삶을 볼 때는 서로 속고 속이는, 하느님이 축복하신 세상이 아닌 것만 같았습니다. 말씀을 보는 가운데 '너는 이 세상을 사랑하지 말라. 이 세상을 사랑하면 하느님의 사랑이 너희 안에 있지 않다. 하늘 나라는 시집가고 장가가는 일이 없다. 시집가고 장가가지 아니함은 하늘의 천사와 같다. 시집가고 장가감이 죄는 아니로되 가지 아니함이 더욱 좋다. 왜 세상 부귀영화를 마음껏 누렸던 솔로몬 왕은 이 세상을 헛되고 헛되다고 다섯 번이나 외치셨을까. 이런 세상을 내가 나아가 살아야만 할 것인가.' 하며 고민을 하였습니다.

믿는 사람이라면 다 체포하는 시대여서 때로는 순경들의 칼이 무서웠지만 그러한 것들을 다 무릅쓰고 성전에 나가지 않고는 견딜 수 없었습니다. 매일 새벽 지금의 남원 제일교회(어머니교회)로 나갔습니다. 어느 날 새벽에 교회 가서 기도 중에 하느님의 음성이 들려왔습니다. "너는 이 세대를 본받지 말고 하느님의 거룩한 산 제물이 되라."는 음성을 들었습니다. 깜짝 놀란 저는 행여나 이 말씀을 잊어버릴까봐, 벌벌 떨었습니다. 또 외우고 또 생각하고 또 외우고 했지요.

그 후 얼마 뒤인지 로마서 12장에 이 말씀이 있는 것을 알았습니다.

'하느님의 거룩한 제물이 되려면 이 세대를 본받지 말아야 하겠다. 결혼을 하지 않아야 예수님만 모실 수 있겠다.' 라는 생각이 들었습니다. 갈등이 심했던 제 마음은 주님께서 원했던 뜻대로 일평생 주님만 사랑하고 살기로 결정을 했습니다.

방애인 여사를 존경했습니다. 방애인 여사가 주님을 사랑하는 마음으로 거지를 등에 업고 깡통을 들고 앉아있는 거지와 대화하며 찍으신 사진이 있었습니다. 그 사진을 보고 있으면 제가 가야 할 길이 아닌가 하는 생각도 들었습니다. 일찍이 어머님의 교훈이 "사람이 뱀을 보면 징그럽고 보기 싫은 것과 같이 너도 세상 향락에 취해 살면 하느님께서 너 보시기가 그렇게 흉하시단다. 남녀가 시선을 마주친 데서 실수하기 쉬우니 조심하라." 하신 말씀에 남자 직원들과 마주앉아서 사무를 본다는 것이 무척 조심스러웠어요.

어머님 형편은 이 선생님을 뵈온 후 '선악과를 따먹으면 반드시 죽으리라'는 말씀에 정욕대로 살지 않으시려고 하시니까 아버지는 반대를 하시어 평화롭던 가정이 날마다 가정불화요 그런 예수 믿으려면 나가라는 성화에 어머님과 저는 뜻을 합하여 30리 밖의 숙부님의 산, 갈보리(갈촌)산의 산지기의 작은 방을 빌려 출가를 했습니다.

100일 작정을 하고서 하루 일과는 기도와 성경보기 외에는 나무하기와 하루 한 끼 식사를 했습니다. 성경 말씀을 보는 중 과거 바리새교인과 사두개교인에게 하신 말씀으로 보여졌던 말씀이 저에게 하신 교훈이요 저라는 사람이 끝없는 죄인이라는 것이 보이기 시작했습니다. 제 자신이 부끄러워 방문으로 새어드는 햇살도 부끄러웠고 천하에 저

같은 죄인은 없는 것 같았습니다.

세월이 흐르고 발 없는 말 천리 간다는 말과 같이 산중에 도를 닦는 처녀가 살고 있으니 구경 가자 하고 사방에서 찾아왔습니다. 금식으로 여위고 여윈 어머님께서 제가 잠들 때쯤 되면 곧 흐느끼며 주님 앞에 비는 말씀이 "주님, 죄 인줄 모르고 벌어 논 이 자녀를 불쌍히 보시고 오로지 주님 앞에 산 제물로 바치게 해주세요."하시며 한없이, 한없이 흐느낀 어머님의 기도. 이불 밑에 잠든 채 누워있는 저는 "하느님, 어머님의 기도를 응답해주세요. 어머님 기도를 성취해 드릴 수 있는 제가 되게 해 주세요." 하며 참을 길이 없어 저도 흐느껴 울곤 했습니다.

어릴 때는 산중이 무섭기만 했는데, 날이 지날수록 태어날 때부터 한자리에서 어떠한 난관도 감수하며 힘차게 하늘을 향해 성장하는 청청한 저 소나무들이 영혼에 어떠한 교훈을 한 것만 같았고 한없이 부럽고 정답기만 했습니다. 높은 산에서 저 멀리 아래를 바라보듯 과거에 인간과 인간과의 삶이 두렵고 무서워 남은 생애는 고요히 산중에서 자연과 벗하며 주님을 바라보면서 일찍이 교과서에서 만났던 성직자와 같은 길을 걸어야겠다고 마음을 정했습니다.

주일마다 30~40리 밖의 남원 노암, 남원, 대산 운교, 남원 웅실, 양림 등지에서 어머님들이 주일예배를 드리러 오셨습니다. 예수 믿는다는 이유로 남편들에게 몽둥이찜질을 받아가며 첫닭이 울기 전에 준비했던 보따리를 이고 지고서 30~40리 논길, 산길, 들길을 산 넘고 물 건너 예배드리러 오신 어머님들은 하느님이 이 선생님을 통하여 주신 복음의 말씀을 받들며 어머님들의 가슴속에 뜨겁고 무서운 성령의 불길이 타고 있었습니다. 깨끗이 살기 위해 말씀을 믿고 순종하기 위해 몽둥이로 두들겨 맞아 온몸이 멍투성이니 사람의 생각으로는 몸져 누워야 할 처지인데 그 몸들을 하고 성신 바람을 타고 새벽바람에 날라 오듯 오시곤 하셨습니다.

이 때에 서로 만남이란 그리스도의 피로 "한 피 받아, 한 몸 이룬" 한 형제 지체들이었습니다. 서로 만나면 서로 위로하고 힘차게 격려하고 또 서로 승리를 약속하며 마치 싸움터에 나간 군인들과 같이 기도로 주님께 부탁하고, 감사하며, 다음 주를 기다리고 서로 헤어지곤 했습니다.

제가 이현필 선생님과의 두 번째 상봉은 어머님들이 몇 분 오셔서 계시는데 갑자기 서 집사님과 중절모자에 한복차림을 하신 분이 오셨습니다. 어머님은 버선발로 뛰어나가 오신 손님을 대환영 하셨습니다. 저는 그분이 어느 분인 줄도 모르면서 제 심경은 엘리사벳이 마리아의 문안을 받았을 때 복중의 아들이 기뻐서 뛰었다는 말씀을 생각하게 되었습니다. 처음 싸리문 사이로 뵌 80세 가량 되신 노인으로만 알았던 이 선생님이 지금은 30~40대로 보인 젊으신 선생님이었습니다.

이 선생님께서 처음 하신 말씀이 곡성 원달 서재선 집사님, 김공님 댁에 갔다가 한국에도 갈보리 산이 있다는 말씀을 들으시고 예수님 갈보리 십자가를 연상하시면서 찾아오셨다며 누군가가 부르는 영혼이 있는 것 같아 찾아왔노라고 하셨습니다. 어머님과 제가 100일 작정하고 갈보리 산에 들어와 2, 3일 남겨놓고 하느님께서 이 선생님을 보내주셨습니다. 말씀은 마태복음 27:1- "십자가에 달리신 주님 앞에 많은 사람들이 십자가를 바라보며 있었습니다. 성모님 외에 많은 여인들이 있었으며 반면에 예수를 채찍으로 때리며, 조롱하며, 예수를 못 박은 군인들이 있었고 왼편 강도 오른편 강도가 있었습니다. 이 많은 사람들 가운데 우리들은 어떤 사람에 속해있습니까?" 하고 조용히 말씀하셨습니다. 다 한동안 침묵을 했습니다.

갈보리 산에서는 어머님과 제가 있었고 갈보리에서 약 10리 쯤 더 올라가면 서리내 산이 있었는데 거기에서는 큰 이모님이신 강화선 어머님께서 수양을 하고 계셨습니다. 이 선생님을 뵈옵고 싶으신 분들은 서리내로 다 모여서 말씀공부를 하였습니다. 선생님의 눈동자는 유난히 맑고 빛났습니다. 밤늦게까지 성경공부를 가르치시고, 산속으로 기도하러 가신 선생님은 먼동이 틀 때야 새벽 햇빛을 바라보시며 한 걸음, 한 걸음 하산을 하셨습니다. 머리와 온 등에는 서리가 하얗고 콧물이 흘러 얼었는지 수염에는 고드름이 주렁주렁 하였습니다. 산천이 울리도록 힘차게 부르신 찬송은 33장이었습니다.

1. 온 천하 만물 우러러 내주를 찬양하여라 할렐루야. 할렐루야

참 빛의 근원되시며 저 밝은 해를 지으신 하느님을 찬양하라.

할렐루야. 할렐루야

2. 밤이면 밝은 달빛이 저 공중에서 빛나네. 할렐루야. 할렐루야

수많은 별을 내시고 그 길을 인도하시는 하느님을 찬양하라.

할렐루야. 할렐루야

3. 땅위에 모든 쓰라림 내 죽음인들 겁내랴. 할렐루야. 할렐루야

이 인간 축복 하시사 한 형제 삼아주시는 하느님을 찬양하라.

할렐루야. 할렐루야

그 후 이 선생님께서 어머님을 통해서 제게 하신 말씀인데 이곳 (갈보리 산)을 떠나고 싶지 않느냐고 하셨답니다. 저는 그 말씀을 들을 때 예수님께서 어부 시몬과 그의 동생 안드레아에게 "그물을 버리고 나를 따라오시오. 내가 당신들을 사람을 낚는 어부로 만들겠소." 하신 말씀이 생각이 나서 순종하겠다고 했습니다.

며칠 후 이 선생님께서는 눈보라가 날리는 겨울에 다 낡은 헌옷에 맨발로 거지 모자를 쓰시고 눈 위를 걸어가셨습니다. 이사야 53장을 생각하며 수레기 어머님을 모시고 저는 난생 처음 배낭을 지고 따라나섰습니다. "부모 형제 고향을 떠나" 외모로는 나환자와 같기도 하고, 옷차림은 거지꼴을 하신 분을 스승으로 모시고서 그런 스승이 눈 위에 맨발이시니 저도 당연히 덧신을 벗었습니다. 가시밭을 밟는 것 같았습니

다. 이 때가 제 나이 19살 때였습니다. 육은 힘이 드나, 영혼은 어디서 오는 기쁨인지 몰라도 기쁨으로 가득 찼습니다. 뒷등을 치고 밀치는 눈보라는 장망성을 떠나 천성을 향해가는 행인의 발걸음을 더 빨리 채찍을 하는 것 같았습니다.

아~ 애굽을 떠나온 이스라엘 백성들은 얼마나 영혼이 기뻤을까? 새 장에 갇힌 새가 놓임 받을 때 이렇게 기쁠까? 나비와 같이 훨훨 날아갈 것만 같았습니다. 종일 걸어가는데 길갓집에서 저녁밥 누룽지 긁는 소리를 들으시고 이 선생님께서 밥을 얻어 오시겠다고 들어가셨습니다. 한참 후에 나오시면서 "밥이 없답니다." 하시면서 빙그레 웃으셨습니다. 종일 내린 눈에 손발이 얼고, 부었는데 날은 저물어갑니다.

갑자기 수레기 어머니의 전신이 얼어 움직이지를 못하셨습니다. 걸어가는 도중에 길갓집이 있었습니다. 사정사정해서 잠깐 방을 빌렸습니다. 그러나 우리들 꼴을 보고 누가 환영할 리 없지요. 어머님 몸을 좀 녹이고 하룻밤 쉬고 갈 방을 얻으려고 다녀봤으나 다 거절당했습니다. 종일 굶고 눈보라 속을 걸어왔으니 꼴에 꼴이 말이 아닙니다. 거절당한 것은 당연하지요.

어떤 분 말씀이 이집사라고 예수 잘 믿으신 분이 계신데 5리쯤 가면 그 댁이 있다는 말을 듣고 캄캄한 길을 더듬으며 춥고 배고프고 부은 몸을 끌고 찾아갔습니다. 그러나 그 댁에서도 방이 없다며 거절당했습니다. 그러나 선생님께서는 잠자코 그 집 문 앞에서 계시면서 "이 집사님 아니십니까?"하고 물으시니 이 집사님 말씀이 "믿으신 분들입니까?"하십니다. 선생님 대답은 "믿어보려고 합니다."하시니, 믿는 형제라면 들어오시라고 해서 겨우 방에 들어가게 되었습니다.

더운밥을 지어왔는데 어떻게 구수하고 맛있는 냄새가 나는지 두 그릇도 거뜬히 먹을 것만 같았습니다. 목에서는 빨리 먹으라고 합니다. 그런데 선생님께서는 생식을 하실 때여서 제가 지고 간 쌀가루 몇 수저만 드신 척 만 척하셨습니다. 선생님이 그러시니 어머님도 두어 수저 드시고 맙니다. 저도 눈물을 머금고 억제 했지요.

이 집사님 말씀이 우리 아들이 광주에서 숭일중학교를 다니는데 잘 믿으신 이 처사님의 제자들이 광주에서 산다는 말을 들었는데 모르시냐고 물으셨습니다. 선생님은 잠자코 계셨습니다. 집사님과 선생님은 사랑방으로 가셨습니다. 하룻밤을 선생님과 같이 지내고보니 바로 이분이 이 처사님의 제자였다는 것을 눈치 챈 집사님이었습니다.

그 이튿날 저희들이 떠나오는데 집사님 부부는 약 5리 밖에까지 따라 오시면서 몰라 뵈서 죄송하다며 몸 둘 바를 모르시며 용서하시고 다시 들려주시라며 멀어져가는 저희들 뒷모습을 지켜보고 계셨습니다.

전남 화순군 도암면 도구박골 12모퉁이를 돌아서 가는 깊은 산중을 전북 남원에서 이곳까지 약 300리 길을 몇 날 며칠을 탁발하며 눈보라 속에서 맨발로 걸어서 왔습니다.

그 산중에는 수레기 어머님 댁이 있었습니다. 그 근방에 가마니 한 장만 깔아놓은 막이 있었는데 산중에 참나무 기둥에다 가마니를 한 장 깔아두고 어떤 분이 수양하시려고 지어 놓았다고 하시면서 저보고 거기 있으라하시고 이 선생님과 수레기 어머님은 전도하러 가신다고 떠나셨습니다.

도구박골 주위에는 바위가 많았습니다. 동서남북 높은 산이 병풍과 같이 둘러 쳐져있고 산골짜기에서 들려오는 소리라곤 골짜기에서 흘러내리는 물소리와 지저귀는 산새 소리뿐이고, 낮에는 태양, 밤에는 달과 별, 그리고 더욱 캄캄한 밤에는 반딧불이 비치는 불빛 뿐이었습니다.

산도 낯설고, 물도 낯설고, 얼마나 막막한지 그 심경은 주님만 아실 것입니다. 제가 나 자신에게 다시 물어봅니다.

"머나먼 이 산골에 무엇 하러 내가 왔나?" "예수님 만나러 왔지. 모든 것을 말씀에 순종하고파, 세상을, 부모 형제를 등지고, 주님만 뵈옵고자 온 네가 아니니? 목적을 달성하기까지는 한발도 물러설 수 없어. 이 길은 십자가의 길이다. 그렇게 쉬운 길로만 알았느냐?" 하며 진실의 나와 거짓의 나가 싸움을 시작했습니다. 금방이라도 달려가고 싶은 고향과 보고픈 부모 형제들과 재미있었던 직장 생활이 저를 유혹하는데, 피가 마를 것 같았습니다.

그러던 중 가장 친하게 지냈던 찬송은 503장이었습니다.

"큰 물결 일어나 내 쉬지 못하되 이 풍랑 인연 하여서 더 빨리
갑니다. 내 걱정 근심을 쉬 없게 하시고, 내 주님 어둔 영혼을
곧 깨게 하소서. 이 세상 고락 간 주 뜻을 본받고 내 몸이 의지
없을 때 절 믿음 주소서."

이 찬송이 제 지정 찬송이었습니다. "이 몸이 의지 없을 때 절 믿음
주소서" 하고 보면 눈물이 제 얼굴에 뒤범벅이 되었었지요. "주님 저를
이 시험에서 구해주소서. 주님을 뵈옵게 하소서." 하며 약 3개월 동안
싸웠습니다.

그러던 중 어느덧 보리 추수 때가 되어 산 넘어 소재라는 작은 마을
에 보리 이삭을 주우러 갔었습니다. 청춘이 무엇인지 산중 들판에 처녀
가 나타나니 일손들을 멈추고 저를 쳐다봅니다. 부끄러운 마음을 억제
하고 보리 이삭을 주워서 이고 들고 산 고개를 올라갔습니다.

그러다가 산 오솔길 멀리서 이 선생님께서 오시고 계신 것을 발견
하였습니다. 그때의 제 심정은 너무나 반가워서 "선생님" 하며 달려가
엄마 품에 안기듯 펑펑 울고 싶었습니다. 그러나 남녀 예법이 하도 엄해
서, 마음을 억제하고 선생님 앞으로 갔었는데, 서로 말소리가 들릴 정
도에서 멈춰 앉으시고 나서 하신 말씀이, "어느 선교사님은 고국을 떠
나 선교하러 타국으로 가셨는데, 어느 날 홀로 계신 아버님이 세상을
떠나셨다는 소식을 듣고도 안 가셨답니다." 라고 하시며 곧장 어디론

가 떠나 버리셨습니다. 저는, 흔들리는 제 마음을 아시고 이 선생님을 통해 주시는 하느님의 말씀으로 믿고 죽도록 인내하였습니다.

하루가 천년 같은 싸움은 지나가고 마음에 죄가 비치기 시작했습니다. 어려서부터 말씀 안에서 예수님을 잘 믿어보려고 살았건만 인간이 산다는 것이 죄 뿐이요, 지나가는 생각까지 다 심판을 받게 되었습니다. 내 것은 모두가 죄요, 어두움뿐이므로 햇빛을 보기도 부끄럽고, 달빛과 별빛을 보기도 부끄러웠습니다. 날마다 자복하고 회개의 눈물로 보냈습니다.

방에서는 밤마다 커다란 지네 두 마리가 기어 다녔습니다. 주시는 마음이라 생각되어집니다만 무섭지가 않았습니다. 이 넓은 천지를 다 놔두고 이 죄인을 찾아준데 대한 고마운 인연이 서로 통했는지 잘 지냈습니다. 화장실에 가면 큰 두꺼비가 있었습니다. "어~ 날 기다렸니?" 라고 하면서 대화의 상대가 되었습니다. 흙방에 가마니 한 장을 깔고 살았는데, 벼룩이 너무 많아 밤이면 잠을 이룰 수가 없었습니다. 늘 잠만 자니 깨어있으라는 하느님의 뜻인 줄 믿었고, 생활을 통해 주시는 말씀으로, 저는 벼룩보다 더 주님을 괴롭게 한 죄인임을 회개하고 자복하게 되었습니다.

얼마 동안의 통회가 계속된 후 무거운 대지를 뚫고 나온 가냘픈 새싹들이 그렇게 힘차게 보일 수가 없었습니다. 하느님의 말씀을 순종한 가냘픈 새싹들이 무거운 대지를 뚫고나와 넓고 밝은 하늘아래서 힘차게 자란 것을 바라볼 때 저는 '언제 속사람의 속된 감정을 이기고 말씀에 굳게 서서 주님 모시는 성전이 되어드릴까?' 하며 탄식을 했습니다.

산 열매를 보면 스승을 뵌 듯, '너는 모든 환난을 극복하고 승리하여 오늘의 열매가 되었구나! 나는 언제나 주님의 양식이 되어드릴까? 너는 내 선배, 내 스승, 날 위해 빌어주렴.'하며 대화를 했습니다. 모든 산천 초목들은 저를 가르친 스승이었는데, 차마 죄인의 발로 밟을 수가 없어서, 할 수 없이 용서를 비는 마음으로 맨발로 산을 다녔어요.

밥을 먹어야 하는데 쌀알 하나하나가 말을 걸어올 때면 이 밥상에 오르기까지는 많은 어려움의 과정을 겪었으며, 하느님의 무한하신 사랑과, 알게 모르게 많은 사람들의 피눈물 나는 사랑과 희생이 오늘의 곡식이 되었노라고 하는 음성을 듣고, 저는 부끄럽고, 죄송스러웠습니다. '20년이란 세월을 고마움도 모르고, 식탐만 부렸구나.' 생각하며 이런 밥을 먹고, 주님의 양식이 되어드리지 못한 것에 대해, 죄책감으로 한동안 겨우 연명만 했습니다. 오늘의 내가 산다는 것은, 무한하신 하느님의 자비의 사랑과, 여러 형제들의 사랑과, 희생, 그리고 피조물들의 희생으로 오늘의 내가 살고 있는, 사랑과 희생의 빚진 죄인임을 깨닫게 되었습니다.

영영 죽을 수밖에 없는 이런 죄인을 용서하시고, 불러주시어 나의 죄를 대신하여 창조주께서 십자가의 고난으로 대속해주신 그 은혜, 그 사랑이 가슴속에 물밀 듯 밀려왔습니다. 얼마나 감격했는지요. 우주 만물이, 산천초목이 축복해준 것만 같고, 춤을 추며 반겨준 것만 같았습니다.

달밤이면 이 산으로 저 산으로 다니며 초목들을 부여잡고 춤을 추며 "내 영혼이 은총 입어 중한 죄짐 벗고 보니 슬픔 많은 이 세상도 천국으로 화하도다. 할렐루야, 찬양하세. 내 모든 죄 사함 받고, 주 예수와 동행하니 그 어디나 하늘나라." 하느님의 은총을 입은 이곳이 천국이구나, 찬송가 495장을 힘차게 불렀습니다.

오랜만에 이 선생님께서 찾아오셨습니다. 소원이 있으면 말 해 보라고 하셔서, 하느님 말씀을 전하고 싶다고 대답을 했습니다. 선생님께서는 또 어디론가 떠나셨고 얼마 후에 겨울 준비를 위해 남원 고향에 가게 되었습니다.

이 선생님께서는 소녀들 7, 8명을 데리고, 서리내(구례 산동) 산에서 성경공부를 가르치고 계셨습니다. 어머님과 동생도 같이 공부하고 계셨습니다. 약 1년 만에 간 집이었습니다. 집에는 학교에 다니는 동생 둘과 아버님이 계셨습니다. 아버님 말씀이 "네가 갈보리에 있는 줄 알고 갈려고 했는데 꿈에 비행기가 날아오더니 비행기에서 동아줄을 내려주니까 네가 타고 이어서 많은 사람들이 줄을 타고 날아간 꿈을 꾸고, 시집보내는 것은 단념했노라."고 말씀하셨습니다. 저는 다시 이 선생님 계신 곳으로 가서 같이 생활을 했습니다. 1947년 9월 이때가 동광원모임의 시작으로 생각됩니다. 찬미, 영광.

2. 맨발의 성자 이현필

맨발의 성자, 그는 과연 누구인가? 그는 목사도 아니고, 장로도 아니고, 집사도 아닌 평신도였다. 그는 한 시대를 예수 그리스도처럼 살고 간 이름 없는 예수의 제자였다. 그는 한국 기독교 100년 역사 속에 하나 나올까 말까 하는 성자였다. 그에 대하여 한국의 프란치스코라 하고 맨발의 성자라고 우리 사회에 알려준 분이 엄두섭 목사였다. 엄목사는 1978년 이현필의 전기를 쓰면서 책 제목으로 〈맨발의 성자 이현필전〉이라 하였다. 이현필은 진실한 그리스도인으로서 예수를 본받아 살려고 가난한 한국 땅에 태어나서 한평생 집도 없이 하늘을 천장으로 땅바닥을 안방으로 돌로 베개를 삼고 살았다. 예수 그리스도를 본받으려 스스로 자원하여 거룩한 전도인으로 살면서 거지보다 더 가난한 삶을 살다간 주님의 신실한 종이었다. 그는 살아있는 동안 넥타이를 매어 본 일도 없고 양복을 입어 본 적도 없고 그 흔한 쌀밥 한 그릇 먹는 것을 옆에서 본 사람이 없었다고 한다. 그의 제자들이 "선생님께서는 왜 밥을 잡수시지 않습니까?"하고 물으니 "쌀 한 톨 만들기까지 농부들이 석 달 남짓 땀 흘려 수고하는데 농사도 짓지 않는 내가 어찌 그 쌀로 지은 밥을 체면도 없이 넙죽넙죽 먹어 치울 수 있겠는가?"하고 대답했다고 한다. 그래서 이현필과 동광원 식구들은 손수 병원에서 환자들이 먹고 버린 죽을 다시 끓여 먹으며 삶을 살아갔다고 한다.

이현필의 삶은 고난과 순결, 가난과 청빈 그 자체였다. 그러나 그러한 삶 속에서도 그가 살던 화순에서 서울로 광주로 남원으로 진도로 해남으로 가게 되면 그 멀고도 먼 거리를 볼 일은 뒷전이고 맨발로 걸어서 가고 오면서 만나는 사람 가리지 않고 복음 전하다 보면 3개월도 걸리고 6개월도 걸리곤 했다니 이런 그를 가리켜 '한국의 프란치스코' 또는 '맨발의 성자'라는 이름을 붙인 것은 정말 잘 한 것 같다. 프란치스코가 벼랑 끝에 몰린 유럽의 기독교를 살려내며 불거진 인물이라면 이현필은 소리 없이 한국교회의 언저리에서 예수의 영성을 추구하다 스러져 간 참 예수꾼이었다. 이현필, 그는 분명히 한국교회 영성사에 있어서 한 맥을 이루어 놓은 사람이었다. 그는 특이한 영성의 사람이지만 숨겨져 있다. 그는 결코 그 자신이 세상에 알려지기를 원하지 않았다.맨발의 성자요 숨은 성자인 이현필 선생의 지나온 자취를 더듬어 보면서 우리도 그가 걸어간 나사렛 예수의 길을 그대로 따라가 보자는데 우리가 순례 길을 걷는 목적이 있다. 그가 기도하고 수도하고 가르치고 전도하며 살았던 그 거룩한 삶의 현장들을 찾아가 보면 길이 보이고 진리가 보이고 예수가 보인다. 이현필은 1913년 2월 3일 전남 화순군 도암면 권동리(용하리)에서 평범한 농부인 이승로의 둘째 아들로 태어났다. 그는 보통학교를 마친 뒤 아버지의 사업 실패로 집에서 몇 십리 떨어진 영산포에 나가서 닭 장사를 하다가 일본인 목사에게 전도 받고 13세 때 예수를 믿게 되었다. 그 후 한때 서울에 올라와 YMCA에서 영어와 성경을 공부하였는데 그때 원경선 선생(풀무원 공동체 설립자)을 만나 평생 교우가 되었다. 원경선 선생은 생전에 동광원 광주 귀일원을 달마다 둘째 주일에는 꼭 한 번씩 찾아가 예배 인도를 하고 벽제 계명산 분원에도 일 년에 서너 차례씩 오가며 동광원 가족들에게 말씀을 전하며 살았다

이현필의 삶이 결정적으로 변한 것은 23세 때 도암의 성자라고 불리는 서른 살 위인 이세종 선생을 만난 뒤로부터였다. 감리교 신학대학교 조직신학 교수인 정경옥 박사는 이세종을 가리켜 "한국에 성인이 나왔다."고 소개했는데 이세종은 재산을 가난한 사람들에게 나눠 주고 아무 것도 바라지 않고 공이 되어 살았던 사람이었다. 자기 아내를 누님이라 부르며 부부가 남매처럼 살았고 일제시대에는 신사참배를 거부하고 깊은 산 속에서 지냈다. 또한 밤에는 성경을 암송하고 낮에는 가까운 마을 청년들을 모아 성경공부를 시켰다. 이현필은 남다르게 거룩한 삶을 동경하며 실천하려고 애썼기 때문에 이세종의 수제자가 되었고, 이세종은 살아있을 때에 "내가 많은 사람과 이야기를 해 봤지만 내 말을 가장 빨리 이해하는 사람은 이현필뿐이다." 하였다. 이현필은 26세 백영흠목사의 처제 황홍윤을 만나 결혼을 한 후 28세부터 30세까지 전남 화순군 도암면 화학산에 들어가 기도생활을 하면서 이세종 선생의 지도와 영향을 받게 되어 수도자의 모습을 닮아갔다. 나이 30세 전후로 그는 지리산 자락의 서리내와 오감산에서 깊이 기도하였다. 산에 파묻혀 금식과 기도 경건생활을 하였고, 특별히 주님의 부르심을 받아

서 거룩한 삶을 사모하는 10여명의 소년, 소녀들을 제자로 삼아 성경을 가르치고 훈련하였다.

남원에서도 몇 십 리 들어가는 서리내라는 곳과 그 앞산을 타고 내려오면 갈보리라고 불리는 동산이 있다. 서리내에서 행해진 교육은 보름씩 산 속에서 행해졌으며 경건생활과 성경공부 그리고 노동이 엄격하게 함께 이루어졌다. 갈보리 역시 서리내와 함께 수도의 도장이 되었는데 많은 사람들이 여기 모여 예배드리고 성경 강해를 들었으며 특히 그의 순결사상에 대한 가르침을 여기서 받게 되었다.

갈보리와 서리내는 이현필 운동의 발상지가 되었고 훗날 동광원의 모체가 되었다. 이현필은 제자들에게 예수의 정신을 본받는 경건훈련을 진행할 때에는 매우 엄격하고 철저했다. 그는 제자들에게 자주독립 정신, 청빈과 검소의 삶을 훈련시켰다. 그 자신 스스로 짚신을 신었고, 산중 길을 걸을 때에는 추운 겨울에도 맨발로 다녔으며 단벌 옷과 불을 때지 않은 차가운 방에서 지내며 거룩하고 가난하게 사셨던 예수의 삶을 본받고자 몸소 모범을 보였다.

그는 식생활에 있어서 일식주의자였고 철저한 채식주의자였다. 그는 많은 신비적인 체험을 했으나 일체 침묵하였고 오직 성경만 가르쳤으며 하루 종일 하는 대화가 그대로 설교였다. 그는 생명외경 사상을 실천하여 빈대나 벼룩마저도 죽이지 않았다고 한다.

한동안 교회 지도자들이 이현필을 금욕주의자 또는 산중파라고 부르며 비방하였다. 그러나 한 번이라도 그를 찾아와서 보고 들은 사람들은 "이것이다, 예수를 믿는 것은 바로 이 길이다!"하고 소리쳤다. 이현필은 지리산 봉우리마다 하얗게 가득 쌓인 설산의 경치를 바라보며 수도하였다. 그리고 그를 따라서 세상도 청춘도 모두 바친 제자들에게 눈물을 흘리며 "아, 십자가! 십자가의 길뿐입니다!"하고 호소하곤 하였다.

이현필의 믿음의 스승은 이세종이었다. 도암의 도인(道人)으로 알려진 이세종을 만나 그의 제자가 된 이현필은 화학산 기도 3년, 지리산 기도 4년, 모두 7년이란 산기도 생활 속에서 그리스도 십자가 사랑에 통곡하는 사람이 되었고 청빈한 수도자가 되어 마치 프란치스코의 모습을 닮아 어질고 겸손한 성자의 풍모가 드러나기 시작했다.조국의 해방과 더불어 이현필이 제자들과 함께 광주로 진출하여 믿음과 봉사의 생활을 시작하자 주위에는 여러 유능한 인물과 명사들이 모여들었다. 호남의 명사요, 나환자의 아버지라고 불리는 최흥종 목사는 이현필을 아들처럼 사랑했다. 서울 중앙 YMCA 총무요, 평화주의자로 20세기 종로의 성자라고 일컬어지는 현동완 선생도 이현필을 방문하고 그의 집회에 참석하였다. 광주 YMCA 총무였던 정인세는 유도 2단에 덴마크 체조 교사이기도 했던 인물인데 YMCA를 그만두고 양복을 벗어버리고 넥타이를 풀어버리고 이현필 운동에 몸 바치기로 결심하였다. 한국의 지성인이요, 작대 철학자로 이름난 삼각산 철인 유영모 선생은 이현필을 사랑하여 한평생을 이현필과 교제하였고 동광원 수양회 강사로 자진하여 봉사하였다. 다석 유영모는 1946년 광주를 처음 방문하여 이현필과 만나 평생 교제를 이어갔는데 이현필이 세상을 세상떠난 1964년 이후에도 한결같이 동광원을 찾아와 진리와 생명의 도(道)를 전하였다. 다석은 1971년 81세의 노령에도 여름 수양회에 동광원 강사로서 찾아와 한 주일간 말씀을 전했는데 그것이 "다석 유영모의 마지막 강의"가 되었다.이현필과 당대의 석학 유영모와의 만남은 동광원의 영성 형성에 중요한 것이었다. 유영모 선생은 남강 이승훈 선생이 세운 오산학교 교장이었으며 유명한 한학자로서 수많은 훌륭한 제자들을 길러냈다. 함석헌도 그의 제자 가운데 하나였다. 유영모가 이현필을 만난 것은 현동완과 정인세와의 관계 때문이었다.

1970년대의 다석 유영모 선생

서울YMCA총무였던 현동완 선생은 성인을 흠모하여 세계 곳곳을 누비고 다녔다. 당시 많은 그리스도인들은 한국에서도 성인이 나타나길 기도했다. 그들의 갈급함에 대한 응답이었을까. 현동완 총무는 후배인 정인세를 통하여 전라도 화순의 이세종이란 인물에 대해 듣게 되었다. 이른 계기로 현동완총무는 늘 강사로 모시고 다니던 다석 유영모 선생을 모시고 광주를 방문하게 된 것이다.

이렇게 1946년 전남 광주에서 다석과 이현필의 만남이 이뤄지게 되었다. 이때 광주 YMCA에서 유영모, 현동완의 공개 강연이 열리게 되었고 처음 대면을 하게 되었던 것이다. 유영모는 이현필에 대해 "한국에 인물이 없는 줄 알았더니 광주에 반쪽이 있었구나."하고 말했다고 한다. 유영모 선생은 이현필을 무척이나 아끼었고 자주 광주 동광원에 내려와 동광원 식구들에게 강의하곤 하였다. 이현필은 유영모의 가르침에 매우 만족해하였다. 특히 유영모의 동정 순결사상에 전적으로 동의하였다. 어느 날 이현필은 유영모의 강의를 듣고 나서 평하기를 "한마디 한마디가 피투성이다."고 할 정도로 전폭적으로 신뢰하였다. 이현필은 이렇게 유영모의 참 인격과 참 말씀에 끌리어 스승으로 받들었고 가르침을 받았다고 한다.

유영모의 영성이 믿음으로 하나님과 나와의 관계를 강조한 초월성이라면, 이현필의 사상은 이웃에 대한 비계산적 무차별적 구체적 사랑의 실천이었다. 두 영맥의 만남을 통해 자칫하면 은둔적이고 신비적인 영성으로 치닫거나 봉사적 구제사업의 정치적 사회사업으로 치달을 수 있었던 동광원이 균형 잡힌 영성을 갖추게 되었다. 유영모의 민족적이고 한국적인 여운이 뒷받침되어 한국의 토착적 주관을 가진 믿음을 이 땅에 세울 수 있었던 것이다.1949년에는 현동완 총무가 이현필과 그의 제자 일부를 서울로 초청하여 삼각산과 능곡 등지에 머물게 했다. 능곡에는 새로운 이상촌을 지향하여 '오원(吳園)'을 세우고 남녀 청년들이 수도생활을 시작하였다. 추운 겨울 날 이현필은 남녀 제자들을 두 사람씩 짝을 지어 마을에 탁발을 내보냈다. 추운 겨울인데도 신도 없이 맨발로 나섰다. 갑자기 탁발을 청하는 청소년들을 보고 마을 사람들은 많이 놀랐다고 한다.

일부 제자들은 현동완총무를 따라 경기도 고양의 계명산 아래 현동완총무의 기도실에 따라나섰는데 그곳을 방문했던 정한나 수녀가 그곳에서 수도와 전도생활을 시작했는데 이것이 후에 고양 벽제에 있는 계명산 수녀원의 모체가 되었다. 경기도 능곡을 중심한 이현필의 젊은 전도대는 농사도 지으며 때로는 탁발도 나가고 모여서는 항상 기도하고 성경 읽는데 주력하였다. 한편 머지않아 피 흘리는 변고가 일어날 것을 예언한 이현필은 1948년 여름에는 전도대를 조직하여 남원, 순천, 여수, 강진, 해남, 광주 등지로 순회하며 전도하였다. 거지같은 헌옷에 맨발로 걸식 탁발을 하며 전도하였다. 해남의 명사 이준묵 목사도 적극 나서서 도왔고 자기 교회에 이현필을 청해 집회도 가졌다. 전도대의 순회가 끝날 무렵 여수에서 사건이 일어났다는 소식을 듣게 되었다. 여순 사건으로 고아들이 발생하자 이현필은 곧바로 고아들을 돌보는 사업을 시작하게 되었다.

3. 김준호 선생의 회고 말씀

이현필 선생님께서 하신 말씀입니다.

"누구나 자기마음에 스스로 선생이라는 생각을 하지 말 것입니다. 모든 대중들은 겸손하시어 자기를 선생으로 봐주는 것뿐입니다. 선생이라고 불러지는 뜻마저도 품었다면 그 마음도 버려야 할 것입니다."

"사랑하는 형제자매들이여, 성령의 눈으로 보시고 이 저의 과장된 점을 지적하여 주십시오. 저는 모든 사람에게 선생이 아니라고 역설하옵니다. 저는 죄인의 한사람으로서 구원을 갈급하며 애걸하면서 살려고 합니다. 저는 허울 좋은 선생이라는 너울을 벗어버리고 싶습니다. 길가에 벗어던져진 헌신짝이 부럽습니다. 저는 이 몸을 떨어진 짚신같이 아무데나 끌고 다니던 도적이요, 음란자요, 간음자임으로 헌신짝으로 알아주시는 것은 사랑이십니다."

이현필선생님과 관련하여 본인이 직접 말씀하셨는지 또는 다른 사람이 전해주신 말씀인지 모르지만 이런 이야기가 있습니다. 해방이 된 후에 삼등열차하면 대개 아실 것입니다. 콩나물같이 **빽빽**하게 탄 기차를 타고 서울을 그렇게 가던 시절이라고 생각합니다. 광주에서 타셨던지 대전쯤 가시면 자리를 양보하시다, 양보하시다 급기야 승강구까지 밀려나오셨다 합니다. 외양으로 보기에 그 볼품은 초라하여 땔나무꾼인지 농사꾼인지 모를 만큼 형편이 없었지요. 그 옆에 사람들이 와서 '저만큼 비켜요, 저만큼 비켜서요.'하면 앉아계시던 자리에서 밀려나오기 시작하지요. 그래서 승강구까지 밀려나와서 거기 앉아계셨다고 합니다. 그때 대전에서 누가 올라오셨는지 한분이 승강구에 걸쳐 앉았다가 말을 걸었습니다. "우리 인사합시다. 저는 아무 개올시다." 저쪽에서 그러셨답니다. "댁의 성명은 무어요? 왜, 말이 없습니까? 성이 뭐요?" 그러자 이선생님은 "헌 가올시다." 했답니다. 그러자 "이름은요?" "신짝이오." 그 말을 들은 사람이 혼잣말로 '헌신짝?' 하더니 "에끼, 여보시오. 그런 이름이 어디 있소?" 했답니다.

이현필 본인이 항상 쓰시던 말씀은 "저는 헌신짝입니다." 그렇게 참회의 눈물을 흘리시던 분이라고 우리는 옆에서 보고 있었습니다. 그런 선생님의 말씀을 옆에서 들었던 것 봤던 것을 조금 생각난 대로 지금 말씀드리겠습니다.

　제가 이선생님을 처음 뵙기는 23살 무렵입니다. 광주 YMCA강당에 노숙으로, 그냥 돈이 없기 때문에 찾아들어 갔습니다. 거기서 하루 밤을 잤는데 청년들을 가르치는 새벽 기도회가 있었습니다. 청년이 7-8명이 모인 기도회 시간인데 누구신지 몰랐지만 아마 그때 처음 이선생님께서 그 방에 오셔서 청년들에게 새벽 성경말씀을 가르치신 듯합니다. 먼저 '누가복음 1장을 읽으세요.' 그러셨어요. 청년들이 나누어서 읽었습니다. 성경풀이는 한 마디도 안 하시고 시간이 그쳤습니다. 성경말씀은 안 하시고 다음과 같은 이야기를 하셨습니다.

　　"제가 이곳에 오다 보니까 여러분 중의 어떤 분이 길가에서 나무를 패서 땔감으로 때시고 사용한 도끼를 그대로 내버려 두었어요. 그런데 그 도끼를 다른 사람이 밟으면 어떻게 될까요? 자칫 그 도끼를 밟으면 발이 상하고 크게 다칠 수 있습니다. 성경을 배우시려는 여러분입니다. 그런데 자기가 땔 나무, 자기가 쓰는 도끼 하나도 제자리에 두지 못하는 사람에게 성경을 배우면 무엇 합니까? 성경말씀은 봄비와 같습니다. 이 봄비가 산 나무에 떨어지면 생명을 키우지만 썩은 나무에 떨어지면 고목은 더욱 썩습니다."

이렇게 말씀을 하시는데 아주 잔잔하고 목소리가 안 들릴 만큼 조용하지만 그 말씀이 가슴에 쿡쿡 울리는 것으로 처음 들었습니다. 그러니까 일체 성경 한절도 해설은 안 하시고 각자 마음가짐을 바로 하라는 말씀으로 한 30분간 말씀하시고 그치신 것을 들었습니다.

그때 받은 처음 인상, 처음 들은 말씀이 가슴에 꽉 박혀있습니다. 성경 말씀을 배우려는 사람들은 그 태도를 마음에서부터 바로 해야 합니다. 여러분이 성경을 배워서 어디에다 쓰시겠습니까? 성경은 바른 사람, 바른 마음을 가진 사람에게 필요하지, 그릇된 마음을 가진 사람은 성경을 배울수록 더욱 그릇된 사람이 됩니다.

그 시간이 지나고 또 한 번 모임이 있어서 참석했습니다. 선생님은 성경을 읽기만 하시지 해석을 하신 시간은 별로 없었다는 생각이 듭니다. 성경을 배우려는 사람은 먼저 마음을 바르게 가져야 된다는 서론을 말씀하시고 다음과 같은 이야기를 전해주셨습니다.

일제강점시대에 우리나라 부잣집 아들들 7명이 동경제국대학 의학과에 입학을 했었습니다. 그런데 7명이 다 졸업반이 되어서 여름방학 때 고향 서울로 돌아왔습니다. 그들이 모여 "우리 한강으로 물놀이 하러 가자." 그렇게 정하여 7사람이 한강에 물놀이를 갔습니다. 그런데 때마침 인천에서 서울로 올라오는 똑딱선 배가 다가왔습니다. 그런데 물이 적었던지 여울에 고물이 걸려가고 배가 그만 전복이 되었습니다.

그때 장정들은 헤엄쳐 나왔지만 부인들과 아이들은 물에 빠져 떠내려가고 있었습니다. 그것을 본 순간 한 학생, 이제 12월이면 졸업할 한 의학생이 옷을 벗어던지고 물속에 들어가서 사람을 건지기 시작했습니다. 그런데 한 사람 두 사람 건질 때마다 여섯 친구는 쫓아가서 "그만해! 자네는 앞으로 의사가 될 몸이야, 죽으면 개죽음이야!" 그렇게 강둑에서 지켜보며 만류를 했다고 합니다. 그런데 그 친구는 "나 붙잡지 마. 날 붙잡지 마!" 그렇게 친구들의 손을 뿌리치고 일곱 번째 물로 뛰어 들어갔답니다. 여섯 번을 물에 들어가 사람을 구해냈지만 일곱 번째 사람을 건질 무렵에는 자기도 힘이 다해가지고 기력이 없어서 겨우 어린이 하나를 밖으로 밀어내고 자기는 그만 물살에 떠내려가고 말았답니다.

그래 다른 여섯 친구들이 밧줄을 던지고 힘을 합해서 겨우 그 친구를 물밑에서 건져냈을 때 그는 이미 의식을 잃었다고 그럽니다. 그래서 의학생들이니까 응급조치를 할 수 있어서 뱃속의 물을 빼고 인공호흡을 시키고 하여 겨우 살렸습니다. 그런데 숨을 쉬게 되고 의식이 돌아와서 눈을 뜨게 되었는데 그때 그의 얼굴이 얼마나 평안하게 보이는지 마치 천사와 같더랍니다. 그 친구는 잠시 숨을 몰아쉬면서 "내가 기쁘게, 정말 기쁘게 사람을 구하던가?" 그렇게 질문을 하더랍니다. 그래서 친구들이 "아, 자네는 정말 기쁘게 최후의 한 순간까지 온 힘을 다하여 사람들을 건졌다네." 그렇게 대답을 하자 그 친구는 아주 기쁜 표정으로 빙그레 웃었는데 그 순간 그만 심장이 탁 멎으면서 다시는 깨어나지 못했다고 합니다.

여섯 친구들이 놀라고 슬퍼서 "내 친구가 개죽음을 당했네. 이를 어쩐담? 우리 친구가 개죽음을 당했으니 이를 어째?" 하면서 통곡했습니다. 친구들이 공동묘지에 묻어 주고 결의하기를 "우리 모두 좋은 의사가 되세. 친구의 죽음처럼 헛되게 살지 말고 좋은 의사가 되어서 불쌍한 사람 짓눌린 사람들에게 우리는 좋은 일을 많이 하세." 이렇게 다짐을 하고 갈렸답니다.

그 친구들이 삼십년 후에 다시 모이게 되었습니다. 그들은 죽은 친구를 생각하며 한강 둑에 모였습니다. 그때 여섯 사람이 이구동성으로 자기 친구에 대해서 "그는 성인이었어. 그의 죽음은 참 위대했네." 하였답니다. 한 친구가 "우리는 선한 일 많이 하고 돈이 모이면 큰일을 하자 했지만, 내 양심을 돌이켜 보니 난 환자들 가운데 한 사람에게도 내 진정한 눈물을 주어본 일이 없네." 그렇게 고백하니까 다른 친구들도 다같이 자복하기를 "나도 마찬가지네. 나 역시 한 번도 불쌍한 사람을 돌보며 내 몸같이 대해본 적이 없고 진정한 마음을 주어 본 적이 없네." 하였습니다.

젊어서는 개죽음이라 생각했지만 자신의 삶을 되돌아보며 한 순간도 진정한 사랑이 없이 살았던 자신에 대해 참회의 눈물을 흘리면서 자기 친구의 이름을 찬미했다는 그런 말씀을 하셨습니다. 그러면서 사람이라는 것이 일평생 예수님을 믿고 선한 일도 한다고 하겠지만 제일 귀한 것은 순수한 사랑이라고 하셨습니다. 그때 선생님 말씀이 순수한 사랑을 하라는 것으로 들었습니다. 그리고 믿음도 순수한 믿음을 가지라는 그런 말씀으로 들었습니다. 그러니까 일을 많이 하는 것보다, 무작정 무엇을 하는 것보다는 이렇게 최후의 일각까지 진심을 다해서 생명을 바친 청년처럼, 일을 적게 해도 그 마음이 질적으로 순수하게 하라, 진실하게 하라, 생명을 바쳐서 사랑하라, 그렇게 교훈하셨습니다. 이현필 선생님의 그런 말씀을 처음 만나던 때 즉 제 나이 23세 무렵에 들었던 생각이 납니다.

얼마 후 제가 "이제 예수님을 믿고 싶습니다." 하고 다시 선생님을 찾아왔을 때 말씀하시길 "그럼 잘 믿는 분 한 분을 소개하겠소." 그러시면서 오북환 장로님을 소개하셨습니다. "나는 믿음이 없지만 이분은 잘 믿는 분이오. 나를 본받지 말고 이분을 본받으시오." 그렇게 소개를 하셨습니다.

그런데 제 마음에 이 선생님은 선생님 같은데 오 장로님은 예수를 믿는다고 하지만 선생님 같지가 않았습니다. 왜? 그분은 목수니까요. 제게 목수를 따라가서 목수 일을 배우라 하시는데 목수라 하시니 존경심이 나오지 않았습니다. 나는 예수를 믿고 싶은데, 예수를 믿으려면 성경을 배워야지 왜 목수 일을 배워야 하는가 싶었던 것입니다. 나는 예수를 믿고 싶은데 나를 왜 목수한테 매어 놓으셨을까? 이렇게 선생님의 뜻이 이해가 되지 않고 한해 이태가 지나고 여름이 되어서 오장로님은 화순 우치리에 장롱을 짜는 곳으로 일을 가셨습니다.

　제가 선생님을 만나서 선생님으로 모신다 했지만 제게 정신적 지도를 하시거나 가르치신 일이 거의 없었습니다. 일 년이면 3일이나 고작 5일 동안만 옆에서 함께 있었지 대부분 같이 있지를 못했습니다.

　목수이신 오장로님께서 장롱 짜는 곳에 가 계셔서 저도 그곳에서 함께 있었습니다. 그렇게 한 일주일 쯤 지났을 때 이현필 선생님이 찾아오셨습니다. 며칠을 함께 계시다가 하루는 선생님이 "저는 오늘 장흥에 잘 아는 목사님이 계세요. 장흥까지 다녀올까 합니다."하시고 떠나셨습니다. 그때 이야기를 좀 하겠습니다.

　우치리에서 장흥으로 넘어가는 큰 재가 거기 있습니다. 우치리에서 목수 일을 하는 때니까 장롱을 부탁한 집에서 하루 세 때 밥을 가져오는데 밥그릇이 넘치도록 고봉밥을 가져옵니다. 선생님은 하루 종일 밥을 안 잡수십니다. 우리가 밥을 먹는 상 곁에 앉아 계시면서 침만 삼키세요. 침만 삼키고 굶고 계시는 거지요. 오 장로님은 염치가 있으시니까 서너 수저 잡수시고 딱 수저를 놓으세요. 그렇지만 저는 젊은 청년이니까 배가 고픈 것을 참지 못하고 꿀떡꿀떡 삼키는데 당체 마음껏 먹을 수가 없습니다. 그래서 남은 밥은 산 너머에 사시는 노인 분들에게 전달했습니다. 매일 두 사람분의 세끼 식사라 모두 여섯 그릇 아닙니까?

조금 먹고 남은 밥그릇을 싸가지고 도구박골에 계신 노인들 즉 수레기 어머니와 할아버지가 계신 곳에 가져다 드립니다. 도시락처럼 싸가지고 가시고 또 오시고 매일 그렇게 밥을 싸가지고 가서 주시고 오셨습니다.

그런데 그때 장마철이라 비가 많이 내렸습니다. 밖에는 비가 내리는데 점심 밥상이 들어왔습니다. 제가 수저를 들고 밥을 막 먹으려고 하니까 선생님께서 "준호, 밥을 얻어오세요." 하셨습니다. 작은 음성이지만 청천 벽력같은 소리로 들렸습니다. 밥을 얻어오라는 말씀에 당황해가지고 우물쭈물하다가 숟가락은 놓고 일어섰습니다. 불안한 마음이라 밥을 얻으러갈려면 무언가 가져가야 할 텐데 그냥 빈손으로 푹 뛰어나갔습니다. 밖으로 나가니까 저 앞집으로 가라고 집까지 가르쳐줘요. 장롱 짜는 집의 작은집이었습니다. 알려주신 대로 거길 찾아 갔어요. 비가 막 쏟아지는데 마당에서서 "밥 얻으러 왔습니다." 하고 소리를 지른다고 했는데 이게 목구멍에 걸려서 안 나왔습니다. 그래서 개미만한 소리로 "밥 얻으러 왔습니다." 하고 가만 서있었습니다.

그런데 그 집에 갓 시집온 며느리가 있었습니다. 그분은 영문도 모를 터인데 어찌 들었는지 무엇인가 들고 나왔습니다. 깨끗한 젊은 부인이 놋그릇에 뚜껑을 덮은 것 하나를 가지고 나와서 "이걸 가지고 가세요." 하였습니다. 밥을 못 얻을 줄 알다가 얻게 되니까 너무 감사해서 "감사합니다." 하고 외쳤습니다. 그러니까 그 부인이 엄숙하게 "왜 하나님께 감사하지 않고 사람보고 감사하다고 하세요?" 했습니다. 그 말씀이 또 제 마음에 벼락처럼 들렸습니다. 부인이 준 그릇을 들고 쏜살같이 돌아 왔습니다.

밥을 얻는데 성공을 하고 오니까 선생님이 기뻐하시면서 "처음으로 얻어온 밥은 내가 먹어야겠소. 이리 주세요." 하셔서 넘겨주고 보니까 쌀죽이었어요. 그 작은집은 아마 가난했나 봅니다. 밥을 안 하고 죽을 쑤어서 죽 한 그릇을 얻어온 것인데 그걸 맛있게 잡수셨어요.

그때 생각했습니다. '나를 왜 이렇게 대하실까? 나는 예수 믿으러 왔는데 목수일이나 시키고 밥을 얻으러 보내는가?' 참 의심스러웠어요. 제가 스스로 밥을 얻으러 간 것도 아니고 반 강제로 갔기 때문에 항상 마음이 괴로웠습니다. '왜 그렇게 밥을 얻으러 보내셨을까?' 혼자 생각하며 힘들어 했습니다.

그렇게 한 5일 함께 계시는데 장마 비가 그쳤습니다. 비가 그치자 선생님께서 '저는 장흥의 목사님한테 가볼까 합니다.' 하시고 떠나시는데 그분은 아침도 굶고 점심도 굶고 밤에는 수레기 어머니 찾아가신 후에 콩깍지 쪼끔 까서 잡수신 것뿐이었습니다. 몸은 여월 대로 여위고 뼈만 남도록 빼빼 마르셨지요. 그때 나이가 한 서른 둘 셋쯤 될 때인 것 같습니다. 동리를 출발하여 떠나가시더니 오후에 다시 돌아왔어요. "가다가 그냥 돌아왔습니다." 그러시면서 이야기를 주셨습니다.

가시다가 보니까 뱀이 한 마리 죽어있는데 거기에 구더기가 득실

득실하더랍니다. 그것을 보고나서 쪼금 더 가니까 이번에는 멧돼지가 한 마리가 덫에 걸려서 모가지가 올무에 걸려가지고 죽어 있는데 몸이 썩어있고 거기 또한 구더기가 득실득실하더랍니다. 그것을 보면서 곰곰이 생각해 보았답니다. '뱀아, 어디를 가다가 사람 발에 밟혀 죽었니?' 속으로 물어보니까 '제가 개구리를 잡아먹으러 가다가 이렇게 죽었습니다.' 하는 것 같고, '돼지야, 무엇 때문에 산에서 내려와 이렇게 덫에 걸렸니?' 물어보니 '제가 먹을 것을 찾다가 이렇게 올무에 걸렸습니다.' 그러는 것 같더랍니다. 그러면서 혼자 생각했답니다. '현필아, 너는 뭐하러가니?' '밥 얻어먹으러 갑니다.' 이렇게 자신을 돌아볼 때 나도 저 뱀이나 돼지 꼴과 다름이 없구나 싶어서 너무 부끄러워 가던 길을 다시 돌아왔답니다.

그런 이야기를 하시고 또 계속 굶고 앉아계셨습니다. 식사가 들어오면 곁에서 선생님이 지켜보고만 계시니까 저는 밥을 옆에서 먹을 수도 없고 안 먹을 수도 없었습니다. 그때 참 젊은 심정으로서는 '선생님이 여기 안 계시면 좋겠다. 어서 가버렸으면 좋겠다.' 그 생각뿐이었어요. 선생님이 하루종일 굶고 앉아계시면서 저와 장로님 둘이 부엌에서 일하는 것을 내다봅니다. 이렇게 아침부터 오후 한 서너 시까지 앉아 계신 거예요. 저는 일이 서툴고 두려워서 대패질을 할 때 손이 덜덜덜 떨려요. 잘못하는 것을 아실까 두렵고 무서워서 늘 선생님이 무섭게만 보였어요. 그러니까 대패질을 하려고 하면 그만 대패 발이 푹푹 빠져버려요.

그렇게 불안한 그런 때를 지내는데 선생님이 이런 말씀을 하셨습니다. "의인이 지구 한 자락에 앉아있으면 지구가 기우뚱 하겠습니다." 하루 종일 지켜보시고 그 말씀 하나뿐이세요. 의인이 지구 한 자락에 앉아있으면 지구가 기우뚱 하겠습니다. 무슨 뜻인지 모르겠지만 저는 선생님이 앉아계셔서 그만 땅이 기우뚱하는 듯 여겨졌습니다. 그만큼 제게는 선생님이 무겁게 보였던 것입니다. 그때 그 말씀 하실 때 지구가 정말 기우뚱 하는 것 같았어요. 선생님 계신 거기가 무거워서요. 그게 제가 처음 선생님을 뵈었을 때의 인상이었습니다.

선생님을 만나고 오장로님과 함께 살던 그런 무렵을 거치고 어느 해 여름이 되었습니다. 바야흐로 8월이 다가온 것 같은데 들리는 소문에 기독청년회인 YMCA주최로 여수에서 여름철 수련회가 8월 1일부터 열린다는 것을 알게 되었습니다. 그 당시 깊은 산중에서 생활한 지가 오래 되어서 옷은 헤지고 허리끈도 없고 신발도 없고 머리도 못 깎고 몰골이 말이 아니었지요. 더운 날씨로 봐서 팔월 초하루가 가까워진 듯 싶으니까 맘속에 불이 난 듯 거기를 가고싶은 생각이 일어났어요. 그래서 거길 찾아가고 보니까 송창근 박사님과 김재준 목사님이 강사로 와 계시고 사회자가 지금의 동광원 원장님이신 정인세 총무님이신데, 그때 저는 모두 처음 뵈는 분들이지요. 그런데 일주일 동안 내내 말씀을 들어도 처량하기만 해요. 영혼에 아무 도움이 안 되었어요. 그 당시 거길 찾아갈 때의 이야기입니다.

화순 도구밖골을 지나 찾아가는데 그때 아무것도 지닌 것이 없는 무전여행이지요. 가면서 처음으로 자발적인 탁발을 하면서 걸어갔어요. 옛날엔 선생님이 강제로 밥을 얻으라 해서 탁발을 했지만 이제는 배가 고프니까 저절로 밥을 얻어야겠다 싶었습니다. 새벽부터 걸어서 보성으로 걸어가니까 일곱 시 여덟 시 아홉 시가 되도록 마음은 밥을 얻어먹자 하지만 용기가 나지 않았습니다. 그렇게 마을을 다섯 번 지나고 여섯 번 일곱 번을 지나갈 때까지도 들어가서 밥을 얻어먹어야겠다는 생각뿐이지 부끄러우니까 못 들어가고 못 들어가고 그랬습니다. 그러다가 이제 놓치면 영영 굶겠다 싶어서 한 집으로 들어갔습니다. "밥 좀 주십시오." 그렇게 소리를 지르고 가만히 서 있는데 안에서 아무 소리가 없어요. 한 참 후에 부인이 밥그릇을 상에 바쳐가지고 김치 하나에 수저 하나를 가져왔습니다. 보니까 보리밥 한 그릇에 김치를 주셨는데 그걸 먹을 데를 찾을 수 있어야지요. 그래서 보니까 사랑채가 있어서 그 앞에서 처음으로 앉아서 먹는데 속으로 거지는 어떻게 밥 먹더라 연상을 하면서 밥을 먹었습니다. 그렇게 처음으로 밥을 얻어먹고 나니까 기분이 훌훌 날아갈 것 같았습니다. '어디 가서 취직할까? 어떻게 살까?' 이런 삶에 대한 불안이 사라졌습니다. 처음으로 자원해서 밥을 얻어먹고 나니까 마치 이 몸이 공중에 둥둥 뜬 것 같았습니다. 자유롭게 해방이 된 기분이에요. 그런 기분을 느낀 게 처음이에요. 그래서 선생님과의 오해기 풀렸지요. '아, 이래서 선생님은 내게 밥을 얻어먹으라 했구나. 배고프면 한술 얻어먹고 사는 길이 있구나.' 그렇게 자원해서, 스스로 자기 마음에서 우러나서 밥을 얻어먹었을 때는 진실로 인생이 갖는 생존에 대한 공포심과 불안에서 해방된다는 그 희열을 맛보게 되었습니다.

이왕 먹는 일에 대해서 말이 나왔으니 하나 더 말씀드리겠습니다. 지금은 돌아가신 수레기 어머니(와 정한나 어머니 두 분과 함께 이 선생님께서 전도여행을 떠나신 것 같아요. 그때 제가 최흥종 목사님이 살아계신 때니까 최 목사님 사택을 찾아가서 여쭈었습니다. "여기 이 선생님 안 오셨습니까?" 그랬더니 "아, 어제 무등산 넘어갔습니다." 그 말씀을 듣고 뒤쫓아 선생님을 찾아갔는데 청단이라는 마을에서 일행을 만나 뵙게 되었습니다. 그분들이 곡성으로 가시는 때인데 저도 그분들 걸어가시는 데 동참을 했었습니다.

대개 여러분도 아시지만 사람이 볼 때면 선생님이 신을 딱고 걸으십니다. 그런데 사람이 보지 않을 때는 신을 벗으시지요. 대개 여행을 떠나시면 새벽 두 시에 일어나십니다. 두 세 시부터 해가 뜰 때까지 걸어가십니다. 그렇게 일제강점시대부터 방문하시며 길러진 습관이신지, 꼭 새벽에 일어나서 맨발을 벗고 사람이 안 보일 때 빠져나가시는데 사람이 없는 들판에서는 낮에도 그렇게 맨발로 가셨습니다. 그렇게 곡성까지 한 3일 만에 가셨는가 봐요. 그래 저도 맨발을 벗고 따라가는 처음 길이라 어떻게 발이 아프고 불이 나는지 절뚝절뚝하며 따라갔지요. 그렇게 따라가면서 종일 굶고 갔습니다. 그렇게 한 3일을 굶다시피 하고 찾아간 곳이 서 집사님 댁이었습니다. 지금 서집사님은 돌아가시고 그 부인이 여기 오셨습니다만 서 집사님 댁이 아주 깊은 산중에 있었습니다. 일제시대 신사참배를 반대하여 산중에 숨어계신 분이니까 그 움막에 당도한 거 같아요.

도착했을 때가 밤중입니다. 종일 굶고 왔는데 손님들이 네 분이 아닙니까? 집사님 부인께서 저까지 밥 네 그릇을 이렇게 담아왔어요. 어머니 두 분 옆에 계시고 선생님 옆에 계시고 제가 앉았습니다. 그런데 세분은 본래 안 잡수십니다. 그때 저 혼자 밥을 먹으려고 딱 수저를 들고 한 수저를 입으로 막 넣으려고 하는데 "준호, 밥 먹고 싶으면 여기서 오리를 내려가면 마을이 있어요. 거기 가서 밥을 얻어오세요." 하셨습니다. 그렇지만 지금 3일이나 굶었고 눈 앞에 차려놓은 밥상의 밥에서 김이 모락모락 나는데 참을 수가 없었습니다. 그래서 눈을 딱 감고 먹어버렸습니다. 아주 귀도 딱 막고 눈도 감고 나도 모르게 한 그릇을 먹어치웠습니다.

다음 날 아침에 모두들 남원을 가신다고 나서니까 서 집사님도 따라나서며 "저도 따라가겠습니다." 그러니까 선생님께서 "가십시다. 그런데 준호는 밥을 먹었으니까 밥값을 하셔야지요? 이곳 밭에서 땅을 파세요." 하셨습니다. 밭이 한 3백 평 되었습니다. 그렇게 해서 같이 따라갈 길을 못 따라가고 홀로 남아서 삼백 평 밭을 파게 되었습니다. 그렇게 혼자 남아 땅을 파라니 서러워 울었습니다. 선생님을 따라가지도 못하고 혼자 서러워 죽겠어요. 농사일을 해본 적도 없는데 이 밭을 파라니 어떻게 하나. 파기 싫으면 광주로 가면 되지요. 광주로 가려니 여비도 없었어요. 맨발벗고 광주까지 걸어갈 일을 생각하니 참 까마득했습니다. 그래서 홀로 울다가 눈물을 닦고 그렇게 세수를 하면서 울었습니다. 눈물인지 세수를 하는지 모르게 울었습니다.

처음으로 삽을 들고 삼백 평 밭을 파는데 죽을힘을 다 썼지요. 서 집사님 부인이 유난씨라는 분이신데 얼마 있으니 들깨 씨를 가지고 오셨어요. 당시는 고사리가 필 때에요. 그러니까 밭에다 들깨를 다 뿌리시고 한주먹을 남기시고 "이걸 자셔보세요." 하고 주셨습니다. 들깨 한주먹을 받아먹을 때 참 어떻게 꿀같이 달콤한지요? 배가 고프니까 무엇이나 맛이 있었습니다.

그런데 선생님이 따라오라고 안했기 때문에 여기 밭을 파고 살라는 뜻인가 했지요. 며칠 동안 양식을 가져다 주셔서 끓여먹고 있는데 참 앞길이 캄캄했습니다. 이 산골에서 살라고 하시는 뜻인가? 그런데 뜻밖에 수레기 어머니의 아들 사무엘이라는 소년이 찾아왔습니다. 열두 살 먹은 소년인데, "형님 이 선생님께서 오시라고 합디다." 그 말을 듣고 어떻게 감사한지요. 그래서 그 소년을 따라 남원에 가서 선생님을 다시 뵈었지요. 남원의 서리내산에서 뵈었는데 서로 인사도 없지요. 서로 교제라는 게 없어요. 잘 왔다든가 어떻게 왔느냐는 등 일체 말도 안 하고 그래서 무심하다 못해 참 냉담해요. 그런 교제를 하는 때에요.

종일 회개하라는 성경말씀을 보니까 제가 회개가 되었습니다. 학교 다니면서 선생님 돈을 삼천 원 빌려서 썼거든요. 선생님께 빌린 돈도 갚아야겠고, 옷을 지어 입은 옷감도 갚아야겠고, 고향에 돌아가서 청산하고 돌아올 생각이 났습니다. 그래서 밤중인데 선생님께 여쭈었습니다. "선생님, 고향에 다녀오겠습니다." 그랬어요. 그랬더니 "해남 놈은 간삽다(간사하다)." 하셨어요. 얼마나 억울하기도 하고 무섭기도 하던지요. "갈라면 지금 가시오." 산중 서리내를 아십니까? 깊은 산중이라서 해는 다 졌는데 갈라면 지금 가라니. 그렇다고 안 가고 배기겠습니까? 있으면 좋겠는데 순진한 사람이 가고 싶으니까 그냥 일어서서 나서 버렸습니다. 선생님을 따라다녀 봐야 매일 굶기나하고 회개하려고 고향에 간다는데 이제는 '간삽다(간사하다).' 그러시는데 그때 저를 인도하신 목사님이 말씀이 들려요. '이현필씨도 사람이다. 너는 예수를 믿는 사람이니까 선생님의 장점만 참고하고 단점은 본받지 말라.' 그걸 최 목사님이 일러주셨거든요. 그래서 '아, 선생님의 단점이다. 선생님의 단점으로 알고 내가 저 선생님을 용서해야겠다. 선생님 용서합니다.' 하고 나섰지요.

달이 떴습니다. 밝은 보름달이라 길이 환하게 보였습니다. 한 오리

길이나 달을 보고 내려오다가 처량하기도 하고 눈물도 나기도 했습니다. 달을 쳐다보다가 제 생각에 '선생님이 잘못하신 거야. 나는 회개하러 간다고 하는데 간섭다고 하시는 건 잘못이야. 내가 선생님을 용서해야지.' 그렇게 입을 벌리고 달을 꿀떡 삼키고 나니까 어떻게 마음이 편한지요. 그렇게 하고 내려와서 고향을 다녀왔었습니다.

그러니까 여러분들이 이 선생님을 오늘 만나셔서 저같이 합격하려면 아직 멀었어요. 선생님은 인정사정이 없어요. 나중에 한 10년쯤 지난 후에 선생님이 저 보고 그래요. "준호, 내가 그때 너무했지?" 단지 그 말씀뿐이에요. 선생님을 생각하다가 어제 밤에 이 생각이 났습니다.

또 하나 말씀을 드리겠습니다. 서울서 현 동완 선생님이 찾아오셨습니다. 동광원을 시작한 게 1950년이니까 그때는 동광원도 아니지요. 이름도 없는 때니까요. 지금 YMCA관계로 정 총무를 찾아오셨는데 정 원장님이 이 선생님을 소개해서 서로 서먹서먹하시지 않겠습니까? 그런 때라 서로 누구신지 잘 모르지 않겠습니까?

그때 식구들이 감나무 밭을 나무 농장으로 가꾸는데 꼭 내 전담 이상으로 감나무 뿌리를 파고파고 새벽이면 잠이 들지요. 젊은 청춘에 예수 믿고 나온 사람들인데 첫날부터 똥 구루마를 끌고 시내로 가라고 했습니다. 겨우 스물한 살 스물두 살, 젊은 처자들더러 시내 가서 똥을 퍼오라 했습니다. 이른 새벽에 가 가지고 똥을 퍼서 오지요. 그것이 일 년 열두 달의 일과였습니다. 자기 집에서는 금싸라기같이 곱게 키우던 딸일 텐데 선생님한테 와 버리면 떨어진 옷 입고 똥을 폈습니다.

그러니까 그것을 볼 줄 아는 눈이 있는 분이 현동완 선생님입니다. 저것은 똥 수레가 아니다. 이 민족이 썩지 않기 위해서 뿌려진 소금이다. 저것은 소금 섬이다. 저 소금 섬의 저 소금이 녹는 날에는 우리나라도 희망이 있다. 그래서 그 똥 수레를 끌고 다니던 젊은 처자들을 보시고 현동완 선생님이 그만 미쳐서 반해버린 겁니다. 우리에게 아주 희망이 있다고 보신 것입니다.

그건 이 선생님이 그렇게 아주 인정사정없는 분이시니까 젊은 처자가 고운 옷을 입고 오면 그 옷을 탁 벗고 누더기 입고 똥을 푸라고 하면 아무 말도 안 하고 똥을 폈어요. 그게 선생님의 정신이었지요. 현 총무님이 이 선생님은 몰라 봤지만 똥 수레를 보시고 아주 감탄하셨어요. 그래서 동광원 언님들이 똥 수레를 끄는 것을 보고 시를 지어서 읊었는데 그 생각이 하나 났습니다.

천리마에 수레 매어 소금 섬을 실었으니
무심한 아이들은 웃음직도 하다마는
영원히 변치 않는 그 소금 그 얼마나 귀중하며
거룩하신 이의 뜻일진대 그 어디를 못 가랴

- 현동완

5. 오감산의 김광석 장로

어제 선생님께 대해서 본 대로 말해보라 하시길래 어제 밤에 생각이 난 겁니다. 또 하나 이런 생각이 납디다. 갈보리 산이란 노래가 있지 않습니까? 서리내에서 내려오면 갈보리라는 곳이 있습니다. 해방 전, 일제 말기 그 무렵에 이선생님은 남원을 찾아가 오북환 장로님 만나시고 남원의 교인들과 함께 서리내로 가서서 공동체가 시작되었는데 그러니까 거기 남원 서리내에서 시작된 것이니까 거기가 발상지 아니겠습니까? 서리내에서 시작하여 그 여세를 몰아가지고 30대 젊은 청춘들이 모였는데 그 가운데 한 분이 곡성 김광석 장로님입니다.

김광석 장로님을 김공님이라 하시지요. 김 공님이 30 청춘에 출가를 한 겁니다. 그러니까 오감산에 막을 치고 계셨습니다. 그때 상황을 들어보면 밭을 파가지고 콩과 옥수수와 밀 호밀을 심어놓으면 꿩이 다 먹어버리고 호밀만 조금 자라나 지었답니다. 무가 조금 되고요. 그러면 절구통도 없고 그래서 해먹는 법을 발견했는데 무 또 무 잎이나 호밀 이것을 삶아가지고 얼려버린답니다. 한번 언 것을 돌로 쿵쿵 찧으면 잘 풀어진답니다. 그걸 하루에 한 끼씩 잡수시고 계실 때였는데 하루는 눈이 얼마나 왔는지 허리가 빠지도록 눈이 쌓였답니다.

그 겨울에 그러니까 젊은 청춘에 자기를 닦는 수행법이 있는데, 새벽 4시에 냉수마찰을 꼭 했지요. 눈이 와도 빠짐없이 했지요. 눈이 오면 눈길을 치우기 위해서 새벽 한 시나 두 시에 깨어서 눈길을 치우고 난 다음에 냉수마찰하고 이렇게 움막에 들어오면 움막 속으로 눈이 쏟아집니다. 막이 새니까요. 움막 속에서 이불을 덮어야 온기가 돌아오지요. 이불로 몸을 가리고 앉아서 지내야 되는 그렇게 지어놓은 움막이 하나 있었답니다.

그날도 새벽 냉수마찰을 끝내고 와서 기도를 하고 있으니까 산꼭대기에서 찬송 소리가 들렸답니다. 눈이 이렇게 무릎이 차고 허리가 닿도록 왔는데 이 깊은 산중에 사람이 올리는 만무하다. 그래서 자기 같은 죄인을 위해서 천사를 보내서 찬송을 불러준다 싶어서 감격하여 펑펑 울었다는 겁니다. 세상에 저 같은 죄인을 위해서 찬송을 불러주시다니. 그렇게 감격하여 엎드려서 울고 있는데 소리가 들렸습니다. "김 공, 계시오?" 천사가 오셨나 두려운 마음으로 문을 열고 보니까 뜻밖에 이 선생이 서 계셨습니다. 그런데 다리가 벌써 얼어가지고 뻣뻣했는지 턱 주저앉으면서 "따뜻한 물 좀 주세요." 그 소리를 들으니 목이 메더라고 그래요. 이 추위에 얼마나 얼어붙었을까 생각하며 불을 피워 물을 데웠습니다. 그리고 자기가 먹던 지붕위에 얹어놓았던 시래기 하고 호밀 찧어놓은 걸 한주먹 넣고 푹푹 삶아가지고 가져다 드리니까 마시고는 "아이고 이젠 살겠소." 그러면서 품속에서 무엇을 꺼내는데 보니까 쑥 떡이었습니다. 두 개, 세 개인지 개수는 알 수 없지만 "김 공, 이걸 드시지요." 하고 내놓았습니다. 어제 초저녁에 누군가 이선생님께 잡수시라고 가져다준 떡인데 이선생님은 그것을 먹으려고 생각하니 깊은 산중에서 홀로 기도하고 있는 김 공 생각이 나서 가져다주려고 올라왔다는 것입니다.

그런 이야기를 김 공님이 직접 말하니 듣는이들이 모두 감개무량하지요. 모두 목이 매이죠. 그게 쑥떡이겠습니까? 주님의 사랑이지요. 그런데 그때 같이 따라간 분이 계셨어요. 자매님이 두 분 따라 나섰는데 남녀 분별하니까 옆에 가지도 못하는 선생님이지만 눈이 오는 깊은 산중에 어디로 떠나가시니까 염려가 되어 몰래 따라간 사람이 있었다고 그래요. 멀리서 따라가다가 혹 쓰러지시기라도 하면 구원하려고 따라갔다는 것입니다. 그런데 눈이 그렇게 많이 온 겨울 엄동설한 밤중이지만 신을 딱 벗으시더라고 그래요. 눈 속에서 평상시와 같이 신을 벗고 맨발로 가는데 물론 자매들도 벗고 갔겠지요? 그러니까 물론 처음에는 아프지만 감각이 죽어버리지요. 발이 그러니까 나무덩어리가 되어가지고 턱 쓰러지더라고 그래요. 그 거리를 물어보면 30리가 더 된다는 거예요.

서리내 산 능선에서 오감산 능선까지 가는 게 능선 길은 대개 사람이 다닌 흔적은 있지요. 눈 온데니까 그러니 초저녁에 나서서 새벽 2시 3시경에 거기에 오셨겠지요. 지금도 김 장로님은 그 일을 생각하면 감격해서 우십니다. 그래 자기는 그런 사랑을 받은 이후에는 한 번도 뒤돌아볼 마음을 생각해보지 않았답니다. '내가 어떠한 사랑을 받은 사람이냐?' 그걸 생각하고 한 번도 뒤돌아본 일이 없다는 그런 말씀을 들었습니다.

그런데 서울서 오신 어떤 수녀 한 분이 이것을 들으시고 "아, 나 이제 여러분들의 생활을 알겠다. 이현필 선생님은 무아의 삶을 사신 분이다." 라고 하셨습니다, 그랬어요. 우리는 무엇인지 모릅니다. 그런데 그분이 "아, 이현필 선생님은 무아의 사랑을 하신 분이었다." 하시니 그래 우리 선생님은 무아의 사랑을 하신 분이었구나, 그쯤 이해하고 있습니다.

눈 이야기가 나왔으니까 한 말씀 더 드리겠어요. 6.25 때 화학산에서 피란생활을 하다가 수복이 되어 다른 사람들은 다 광주로 나가기로 하고 최후에 선생님 혼자 계셨지요. 산속에 움막을 치고 살았는데 그 막도 눈이 내리면 눈이 새요. 움막 속에서도 이불을 덮어야 눈을 막을 수 있지요. 선생님은 제가 광주로 나가자고 해도 안 나가시고 그래서 저도 선생님 옆에서 고집을 부리고 있었습니다. 선생님은 무슨 면목으로 광주에 나갈 수 있느냐, 여기서 굶어 죽자는 것입니다. 그래서 그랬습니다. "저는 배고픈 걸 못 참아요. 제 소원이 밥 한번 먹고 죽고 싶어요." 그러니까 선생님은 말씀했어요. "굶은 지가 오래되니까 동정심이 가기는 가지만 나는 굶어 죽는 것이 행복해요. 총에 맞아 죽을 수는 없지? 굶어 죽는 게 제일 좋아. 굶어보니까 아무 생각 안 나지 않아? 아무 잡념이 없고 좋다. 나는 굶어죽고 싶다. 그런데 무슨 소원이 밥 한 그 릇 먹고 죽고 싶냐" 그래요. 저는 자꾸 선생님 마음을 동요시켜가지고 함께 산중에서 나오려고, 선생님은 나올 맘 없지만 내가 자꾸 광주로 나가시자고 그래봤습니다. 그럴 때마다 "나는 광주로 못 나가. 내가 사 람들을 죽인 죄인인데 어찌 나갈 수 있소. 나는 광주로 못 가요. 나는 여 기서 굶어 죽는 게 좋아요." 그래서 같이 있을 수도 없고 같이 나갈 수도 없었어요.

화학산 일대는 당시에 전라남북도 인민군들이 다 몰려들었습니 다. 최후의 집결지예요. 그래서 우리가 어디로 빠져 나갈 길은 없지요. 거리에 다 보초가 지켜 서 있고 마을마다 다 불을 질러요. 그러니까 꼭 그 움막에 숨어있다가 굶어 죽는 길밖에 없지요. 우리가 총에 맞아 죽 으면 저쪽 사람들에게 죄짓게 하는 거고 나도 괴롭고, 그래서 총에 맞 아 죽기 싫다고 그래요. "나는 죄인이야, 나는 광주 못 갈 사람이야, 나 광주 못가." 그러셨어요.

그래 나는 광주로 나갈 욕심으로 하루 밤 꾀를 냈습니다. "선생님, 광주 나가시기가 부끄러우면 저 바람에겐 안 부끄럽습니까? 저 새소리 에는 안 부끄러워요?" "대체 그렇구만." 그러십디다. 그래도 광주는 안 가시겠다고 합니다. 내가 무슨 염치로 광주 가냐고 이왕 여기서 나가는 거라면 지리산으로 가고 싶다고 그래요. 아무도 없는 곳으로 가서 소리 없이 굶어죽겠다는 것입니다. 그런데 크리스마스 며칠 전에 눈이 많이 왔어요. 크리스마스를 한 일주일쯤 남겨놓고 있던 12월 어느 날에 그렇게 눈이 많이 왔어요. 그런데 빠져나갈 길은 없습니다. 그때 소재(우치리) 일대 등광리 일대에 모두 인민군이 꽉 차 있지요. 그러니 가면 죽는 겁니다.

그러나 하도 제가 이렇게 밥 먹고 싶다고 그러니까 이제 양보하신 겁니다. 초저녁에 어떤 유격대에 쫓기 던 이가 찾아와서 신을 주어버렸기 때문에 신도 없어요. 걸레뿐이라 걸레로 두 발을 감쌌지요. 저는 신이 있었는데 여자 고무신 한 짝과 남자 고무신 한 짝을 신고 있어서 저는 발이 덜 시리지요.

마침내 선생님이 썩 나서셨어요. 초저녁에 나서려고 했는데 모진 잠에 잠깐 숨을 붙이자 했는데 곤했던지 일어나서 보니까 새벽이에요. 그러니까 도구박골에서 동구마을로 내려섰지요. 아시는 분은 아십니다. 신악골로 넘어가서 산으로 넘어가고 길을 피해가지요. 선생님은 길을 잘 아시니까 길을 따라 돌아가시려고 하십니다. 저는 청년이라 급한 대로 길을 모르니까 눈에 보이는 대로 이렇게 넘어가면 한일자로 꺾었거든요. 선생님은 앞서시고 저는 뒤따라갑니다. 뒤에서 선생님께 "가까운 데로 이리 갑시다." "앞서세요." 숨을 죽이고 가는데 앞서라고 제 소원대로 하라고 하시면 저는 눈만 보고 가까운 데로 나서면 그만 길이 막혀 없지요. 한발자국도 못갑니다. 눈이 와서 눈이 무릎까지 차버렸습니다. 그러니까 선생님이 원하는 대로 갈라면 이제는 늦었습니다. 이제

는 인민군 보초가 눈에 보여요. 선생님 말씀대로 듣고 순종했으면 **빠져**
나왔겠지요. 그런데 제가 고집부리고 "선생님 이리로 갑시다." 하는 바
람에 길은 막혔고 꽉 막혀가지고 오도가도 못 하게 되었습니다.

그래 제 심중에 어떻게 제가 원망스럽던지요? 제가 모르고 그러니
까 "이리 갑시다." 해도 길이 막힐 거를 아셨으니 선생님 주장대로 갔으
면 우리가 살 텐데 괜히 저한테 져가지고 이제 둘이 다 죽게 되었구나.
그럼 저는 죽어도 좋지만 내 고집으로 선생님이 죽게 되니까 어떻게 부
끄럽고 황송한지요. 그만 몸이 땅에 붙어버려요. 아주 절망이에요. 그
때 그 절망 말할 수 없어요.

선생님은 "길이 막히면 산길이 길이 막히면 그대로 가면 안 된다.
올라와야 한다." 충고하세요. "길이 없더라도 올라와야 한다. 올라와야
살지 내려가면 죽는다." 그래서 길이 없지만 자꾸 눈에 미끄러지면서도
줄곧 타고 올라가니까 시내골이 나왔지요.

그래 인제 그때 너무 놀래가지고 잊지 못해서 한 십년 후에 물어봤
어요. "선생님, 그날 그때 선생님 가시는 대로 갔어야 우리가 사는데 제
가 '이리 갑시다.' 했을 때 왜 양보 하셨어요?" 그랬더니 선생님은 "그때
죽느냐 사느냐 보다는 그것이 옳다. 우리가 죽을 때 죽더라도 네가 원
하는 대로 양보하다가 죽더라도 그게 좋지 않으냐? 그게 사랑이다. 네
가 원하는데 내가 어떻게 거절하느냐? 서로 어떻게 여기를 **빠져**나가느
냐? 생사가 맺어있는데 네가 가고 싶다는데 내가 양보해야지. 그러니까

고집대로 가다가 길이 막히면 본인이 깨닫고 반성하는 것이 좋은 일이지 스승이라는 놈이 이리가자고 어떻게 이야기 하겠냐?" 그러세요. 죽느냐 사느냐하는 마당에 어떻게 서로 주장을 하겠느냐는 겁니다. 양보해야 사랑이지, 양보해야한다고 그러세요. 선생님은 그런 면목이에요. 어제 밤에 그 생각이 났습니다.

그러니까 제가 선생님을 접한 것은 일 년 열두 달 이 삼일 또는 기껏 일주일뿐입니다. 같이 살지 못했거든요. 잠깐 사이에 만났다가 헤어질 때 그분 심정에 흐르는 것은 무아의 사랑입니다. 절대 자기가 없어요. 우리가 볼 줄 몰랐던 것뿐이지요.

옆에 계실 때 무서우니까 같이 있고 싶지 않지요. 선생님이 어서 가버렸으면 좋겠다 했어요. 왜냐면 옆에 있으면 굶게 되어요. 당체 배가 고파서 선생님이 언제 가시려는가 눈치보고 그렇게 선생님을 무서워했지 같이 있지를 못했습니다.

대체 선생님은 뭘 잡수시는지요? 그렇게 펄펄 날아가시도록 길을 잘 가시지만 우리가 밥 먹는걸 못 봤어요. 그러니까 존경을 안 할래야 안 할 수 없지요. 한 번도 둘이 앉아서 밥을 먹어 본 일 없어요. 숨어서 먹는지 몰래 먹는지 알 수 없어요. 그러나 대체로 김 공님이 그러세요. "저분이 무엇을 먹는가 보자." 그래서 가만히 몰래 들어가서 보니까 3일 전에 갖다놓은 보릿가루를 물에 타 놓고 안 먹었어요. 푹푹 쉬어있

더라 그래요. 몰래 먹으면 먹을 테지, 몰래 가만히 떠들어 보니까 가루
가 쉬어있더라고 그 말씀 들었어요.

어찌 되었든지 굶는 것도 은총이지요. 그러니까 정신이 아주, 아주
살아계셨지요. 그분 생애는 사랑이 꽃 피었어요. 제가 다른 사람에게
는 안 물어봤지만 다 그랬을 거예요. 당최 옆에 두려워서 같이 있을 수
가 없어요. 그랬다가 돌아가실 무렵 한 4년 전부터는 어떻게 그렇게 또
사랑스러우신지요? 절대 꾸지람도 안 하시고 부드러우시고 양보하시
고 그랬어요. 돌아가시기 전 몇 년 동안에는 꼭 친한 친구 같았습니다.
그런데 그분 일생에 기적이 두 번 있었습니다. 엄격한 수련이 있었고요.
원만한 사랑보다 더 달콤한 데가 있었어요. 아주 환하게 자주 웃음을
주시고 매우 기쁘게 살라고 기쁘게 살라 하시고 춤도 추라고 하셨어요.
자매들에게 춤도 추라고 하시고 그랬는데 그냥 아무렇게나 추는 건 아
닙니다. 명랑하게 기쁘게 살라고 그렇게 말씀하셨습니다. 또 이런 생각
이 났습니다.

5. 오감산의 기도처

서리내에서 지리산 오감산까지는 험준한 산길로 40리 길이었다.
어느 해 추운 겨울날 오감산에서 강차남 수녀(후에 순교함)가 기도생
활하고 있던 때다. 서리내에서 제자들을 데리고 고생하고 있던 이 선생

이 어느 몹시 추운 날 눈이 계속 퍼붓는 가운데 강차남 수녀가 기도하고 있는 오감산까지 가 보신다면서 길을 나섰다. 그 해 따라 눈이 어찌도 많이 내렸는지 사람의 허리에까지 쌓이고 본래 인적이 끊어진 산중 길이라 온 산이 하얀 눈뿐이지 길이라곤 안 보였다. 이선생이 가신다는 소리를 듣고 서리내에 어머니와 함께 있던 김금남 양도 오감산에서 기도하고 있는 자기 이모님을 가서 만나보고 싶은 생각이 나서 이선생을 따라가고 싶었으나 워낙 이선생이 너무도 엄격하기 때문에 말 한 마디 못한 채 한참 망설이다가 선생이 떠난 다음 함께 있던 한 자매와 함께 선생 몰래 그 뒤를 따랐다. 눈은 계속 퍼부어오고 길은 없는데 이선생은 자기 뒤에서 여자들이 따라오는 줄을 아는지 모르는지 한 번도 뒤를 돌아보지 않고 두 손으로 눈길을 헤치면서 미끄러운 오감산 길을 향해 걸어가고 있었다. 김금남 양은 가슴을 두근거리면서 선생을 부르지도 못하고 말도 못하면서 눈길을 선생이 앞에서 밟고 간 자국을 꼭 밟으면서 뒤를 따랐다.

40리 지리산 산중 길, 눈은 멎지 않고 두 발은 얼어붙고 선생의 허락도 없이 뒤따라 나섰는데 혹시나 중도에서 선생이 돌아다보며 "썩 되돌아가!" 하고 책망하지나 않을지, 마음은 두근거리면서도 그냥 계속 따라갔다.

지리산 오감산에서 기도하던 강차남 수녀는 그날따라 어쩐지 마음에 느낌이 오기를 이현필 선생이 오실 것 같은 예감이 들었다. 그래서 팥을 끓여 두고 기다리고 있는데 아닌 게 아니라 그 험한 눈 길을 헤치면서 이선생이 거기까지 찾아온 것이다. 뒤이어 자기 조카 김금남양과 또 다른 한 자매까지도 눈을 털며 들어서는 것이 아닌가. 40리 눈 속을 헤치고 온 세 사람의 옷깃에는 고드름이 주렁주렁 달렸고 발은 얼어 저리고 발톱이 빠져오는 듯했다.

영원히 뒤돌아볼 줄 모르던 돌부처 같던 이현필 선생도 그제야 새파랗게 꽁꽁 언 얼굴을 펴며 뒤따라온 두 제자를 보고 웃었다. 이리하여 사방 몇 십리, 흰 눈에 덮여 인적이 끊어진 지리산속 오감산 기도 초막 단칸방에는 한 남자와 세 여인이 모여 감격의 노래를 불렀다.

갈보리 산에서 십자가를 지시고

예수는 그 귀하신 보배 피를 흘리사,

구원받을 참 길을 열어 놓으셨느니라,

갈보리 십자가는 저를 위함이요,

아아, 십자가, 아아, 십자가,

갈보리 십자가는 저를 위함이요,

대 지리산의 줄기찬 봉우리 봉우리마다 가득히 하얀 눈에 덮여 정화(淨化)된 영산(靈山)의 설경(雪景)속에서 그보다 더 심령과 육신의 순결을 수도하기 위해서 세상도 청춘도 모두 바친 이들 거룩한 남녀, 좀

체로 감격하지 않은 이현필 선생도 이 노래를 부르면서 두 눈에서는 눈물을 물같이 흘리면서 통곡했다.

"아 십자가! 십자가의 길뿐이다." 이현필 선생은 눈물에 젖어 이 노래를 부르면서 옛날 복음을 전하러 다니던 모지후지라는 여자의 이야기를 들려주었다. 한 마리 양의 영혼을 건지기 위해 그가 산을 넘고 찾아다니던 이야기였다. 이선생 자신이 전도하러 다니는 모양도 그랬다. 누구든지 이선생이 신도 하나를 찾으러 다니던 자취를 더듬어 본다면 감격하지 않을 수 없다. 이 골짜기에 한 사람, 저 산 너머 한 사람씩 여기저기에 흩어져 있는 양떼를 찾으러 서리내로, 갈보리, 홈실로, 구름다리로, 남원으로, 지리산으로, 곡성으로, 진도로, 무등산으로 신을 벗어들고 오십리 백리 길도 멀다 않고 터벅터벅 걸어 다녔다.

이렇게 눈물 속에 갈보리의 노래를 부르는 사이 오감산의 밤은 닥쳐왔다. 그 웅장한 만산(萬山)이 눈에 덮인 채 무서운 침묵에 잠긴 겨울 저녁 단칸방 초막집에서 아무리 순결을 지키려 수도하는 이들인들 젊은 남자 하나에 여자 셋이 그 밤을 지내야겠는데 어떻게 하면 좋은가. 그러나 남녀유별(男女有別)이 너무도 엄격한 이현필 선생은 앉아도 이마가 서로 닿을 좁은 방에서 무리하게 여자들과 함께 머물려 하지 않았다. 자매들은 이선생에게 자기네가 밖에 서서 밤을 지낼 터이니 선생은 방에서 꽁꽁 언 몸을 쉬고 가시라고 사정사정을 해도 막무가내였다. 그렇게 만류하는 그들은 작별하고 그날 밤 눈보라의 지리산 비탈길을 헤치며 떠나갔다. 자매들은 거기서 쉬도록 하고.

6. 이현필과 서리내에 관하여

남원에서 이현필 운동은 남원에 살던 강남순 일가의 신앙 및 출가와 깊은 관계가 있다. 강씨 남매는 1남 4녀로서 이들 4자매는 맏이 화선, 둘째 남순, 셋째 차남, 마지막 넷째가 부남이다. 이들 4자매 가운데에서 막내 강부남이 가정 먼저 기독교 신앙을 가지고 교회에 출석하다가 위의 언니들을 교회로 이끌었다. 이렇게 4자매가 남원읍교회에 다니다가 오북환 장로의 삼일목공소 예배에 참석하였으며 다같이 이현필에게로 이끌었다. 이들 가운데에서도 강남순이 그녀의 딸 김금남과 함께 앞장섰으며 또한 강차남과 강화선도 이에 못지 않았다.

1943년 이현필이 남원을 방문한 이래로 삼일목공소에서 모이던 사람들이 이렇게 흩어져 산속으로 들어가게 된 주 원인은 무엇이었을까? 첫째는 일제의 신사참배 압박이 고조됨으로써 더 이상 남원에서 신앙생활을 영위할 수 없었다. 둘째는 이현필의 가르침을 따르는 신앙이 당시 목회자들에게는 이단으로 경원시 되었기 때문에 피할 수밖에 없었을 것이다. 셋째는 이현필의 가르침에 따라 산중에서 기도생활을 하는 것이 개인의 신앙과 영성개발에 도움이 되는 것으로 인식하게 되었을 것이다.

위에서 언급한 것처럼 복합적인 이유를 갖고서 김금남의 어머니 강남순은 1944년 봄에 서리내로 은거하였을 것이다. 다시 말하여 강남순은 출가 수도 하였다. 아내의 출가수도를 돕기 위하여 남편은 곧바로 처남(김금남의 외삼촌), 동서(김금남의 이모부), 처제(김금남의 이모), 그리고 오북환 장로 등을 대동하고 서리내(仙人來)로 가서 방 2칸짜리 집을 지어줌으로써 장기 체류할 수 있도록 도와주었다.

이렇게 주거지가 마련되자 남원에서 함께 예배드리던 사람들이 다녀가기도 함으로써 서리내는 집회를 할 수 있는 토대를 제공하였다. 1944년 여름에 이현필은 두번째로 남원을 찾아와서 집회를 인도하였다. 그리하여 동광원의 전형적 모습이라 할 수 있는 농사(노동)와 기도생활이 사시사철 이어져서 "노동 수도회"의 전형적인 모습을 갖추어 갔으며, 이런 모습의 최초의 제공자는 강남순이었다. 서리내에는 화전민들이 기거하고 있었고 남원에서 합류한 기독교인들은 상시 거류자가 아니라 임시 체류자에 불과하였다. 식량이 풍족하지 못하였기 때문에 10일에 한 번씩 남원에 내려가서 배급을 타오기도 하였다. 그러나 일제의 신사참배에 참여하지 않아도 되고, 각종 전시 군사훈련에도 참여하지 않을 수 있었기 때문에 마음 편하게 신앙생활을 할 수 있었다. 강남순은 1944년 초부터 해방 이후 1946년 여름에 이르기까지 약 2년 반 동안 서리내에서 기거하였다. 해방이후에도 이현필이 서리내에 찾아와서 집회를 가졌으며, 이것이 이현필의 세번째 남원지방 방문이었다. 동광원은 이현필이 1945년 8월 15일 해방을 기념하여 집회를 가진 것을 기념하여 해마다 8월 15일을 기하여 여름집회를 가지고 있다. 1943년 봄 첫 남원지방 방문으로부터 1945년 8월 15일 해방 즈음에 이르기까지 이현필은 남원지역을 세 차례 다녀갔으나, 이 세 번의 방문으로 이현필은 남원 중심의 식구들이 뭉치기에 충분한 영적 가르침을 주었다. 이 기간은 이현필이 화순 도암 청소골에서 축적한 영적 에너지가 남원 식구들에게 전달되어 서리내 산속에서 하나로 합체되는 영적 교감의 기간이었다. 다시 말하여 이현필의 영적 에너지가 일제 말엽의 신사참배 강요라는 정치적 상황과 남원읍 교회로부터의 배척을 당하는 상황을 만나서 남원 식구들을 서리내라는 지리산 산속으로 피할 수밖에 없도록 하였다. 그리고 하나님께서는 김금남의 숙부를 통하여 산속 거처를 일찍이 마련해 두셨다. 따라서 서리내에서의 2년 반의 세월은 화학산의 영성이 지리산의 영성과 합체되는 기간이었으며, 이현필의 영성이 추종자들의 영성으로 전이되어 뿌리를 내리는 착근의 기간이었으며, 동광원이라는 단체가 지속될 수 있는 영적 에너지를 축적하는 기간이었다.

제3부 • 화순 화학산 유적지 순례

1. 동광원 유적지 화학산

이현필 선생 유적지 순례에 있어서 **빼놓을 수 없는** 곳이 화순 화학
산이다. 화학산(華鶴山)은 산의 모습이 학이 날개를 펼치고 있는 것처
럼 생겼다하여 붙여진 이름이라 한다. 화순군 도암면과 청풍면의 경계
에 자리한 해발 613.8m의 산이다. 무등산을 지나 남녘으로 내려가던
호남 정맥이 장흥군과의 경계를 이룬 깃대봉에서 북쪽으로 곁가지를
뻗어낸다. 이 곁가지는 바람재를 지나 서쪽과 북쪽으로 다시 나와 제법
긴 산줄기를 이어 가는데 그중에서도 뛰어나게 높이 솟구친 산이 바로
화학산이다. 이 화학산은 이현필 선생과 그 제자들의 수도의 도장으로
여기 깊은 영감과 기도의 숨결이 서려있다. 이 화학산은 동족상잔의 슬
픈 상처가 남아 있는 아픔의 산이기도 하다. 1951년 4월 대대적인 빨치
산 토벌 작전으로 대혈전이 벌어져 적어도 500명 많으면 1,000명이 넘
는 귀중한 생명이 희생된 비극의 현장이다. 화학산은 바위가 거의 없는
흙산으로 부드러운 능선길이 이어진다. 화학산 기슭 청소 골짜기는 동
광원의 고아원 운동의 발상지이다. 청소(淸沼) 마을은 도암면 봉하리로
되어 있으며 마을에 맑은 쏘(沼)가 있어서 청소라고 이름하였다고 전해
지고 있다. 이현필은 한때 탁발 전도단을 만들어 제자들에게 신앙훈련
과 전도훈련을 시켰다. 그러던 가운데 6·25 전쟁 1년 전 여순 사건으
로 고아들과 헤매는 사람들이 많아지자 전남 화순군 청소 마을에서 고

아원을 시작하였다. 이현필 선생이 김준호씨를 데리고 여기 와서 처음으로 고아들을 모아 기르던 곳이다. 맨 처음 이곳에서 고아원 보모 노릇을 한 사람은 정귀주 수녀였다. 청소 마을 뒷산에 꾹골 골짜기가 있다. 이곳은 이현필이 새벽마다 기도하던 곳이다. 마을 사람들이 땔 나무를 마련하러 올라가면 눈 위에 새 발자국이 있고 큰 바위(마당 바위) 한쪽에는 눈이 녹아 없어진 자리를 보게 되었다고 한다. 여기가 바로 이현필이 무릎 꿇고 기도한 자리이다.

매섭게 추운 어느 겨울날이었다. 이현필이 기도하고 산에서 내려오다가 그 마을에 사는 누님 집에 들렀다. 누님 집에는 어린 조카 세 명이 있었다. 꽁꽁 얼어서 들어오는 동생을 본 누님은 너무 마음이 아파서 얼른 방으로 들어가서 언 몸을 녹이게 하였다. 한참 뒤 따뜻한 밥상이 들어왔다. 바로 그때 그 집에서 기르는 큰 고양이가 밥상 밑으로 기어 들어갔다. 고양이는 동상으로 상하여 냄새가 나는, 양말도 신지 않은 이현필의 발을 꽉 물고 놓지 않았다. 그때 이현필은 특유의 작은 목소리로 "이건 고기가 아니요." 하면서 발을 빼냈는데 발에선 시커먼 피가 줄줄 흘러 내렸다.

화학산 구석구석은 이현필 선생의 기도와 수도의 도장이다. 이현필이 1945년 해방되기 수년 전부터 자주 드나들던 곳이고, 1950년 전쟁 이후에도 가끔 이 산에 들어와 기도와 명상으로 보내던 곳이다. 이렇듯

1950년 6·25 이전부터도 동광원 식구들이 인연을 가지고 있었으나 특히 6·25 때에는 동광원 150명의 대식구들이 이 산 여기저기 흩어져 하루 한 끼씩 먹고 살던 곳이다. 이 넓은 산중, 이 골짜기 저 골짜기에 흩어져 숨어 사는 동광원 식구들을 이현필 선생은 밤낮으로 돌면서 심방하였다.

화학산 등산로 안내도- 승용차로 광주에서 화순-능주-도곡-평리 삼거리-도암-중장터-우치리까지 가서 올라갈 수 있다

2. 6.25 피란터였던 화학산

1) 이현필이 찾은 화학산 순례길

1962년 6.25 동란이 지난 지도 10년이 지났을 때 이현필 선생은 마지막 순례의 길에 나섰다. 자기가 오래 살지 못할 것을 예감했을 이선생은 전쟁 때 너무도 고생하던 자취를 다시 더듬어 볼 생각도 있고, 6.25 때 사랑하는 제자들의 희생이 너무 많았었던 화학산 일대를 깨끗한 그 영들이 숨진 유적을 마지막으로 찾아볼 생각으로 순례 행각을 떠났다. 떠날 때는 수녀 제자들 몰래 혼자 떠나려 했지만 제자들은 눈치를 채고 유서 깊은 화학산 순례이고 또 그 때 이선생의 몸이 극도로 쇠약했던 때이므로 제일 먼저 따라 나선 이는 가장 나이어린 정혜신 수녀였다. 그 뒤에 다른 수녀들도 눈치를 채고 따라 나섰다. 박금님, 김춘일, 정혜신

셋이 따라 나섰다.

처음의 목적은 장흥(長興)까지 갈 작정이었다. 화순군 중촌 부락에서부터 시작하여 거기서 일박(一泊)하고, 6.25 때 고생하던 각시바위로, 도구봉에서도 일박하고, 고개 너머 박절골에서 일박하고, 담배 건조장에서 삼박, 가마터에서도 일박했다. 인가(人家) 하나 없는 산중, 사람들이 도무지 다니지 않았기 때문에 오솔길마저 잡초와 등넝쿨에 파묻혀 없어진 숲속으로 헤치며 다녔다. 낮이면 길을 걷고 밤이 오면 계곡의 냇가에서 쉬었다. 혹시 가까운 곳에 인가가 있더라도 일부러 찾아가서 주무시지 않았다. 조그만 모기장을 가지고 다니며 밤이면 나뭇가지 사이에 치고 지냈는데 이현필 선생은 병이 심하여 밤이면 주무시지 못하고 앉은 대로 밤을 새웠다. 선생의 몸이 너무도 병약하여 걸음을 잘 걸을 수 없었기 때문에 따르는 제자 중 가장 어리고 건장한 정해신양이 가장 험한 길을 선생을 업고 가기도 했다. 하루 종일 부지런히 걷는 데도 10 리나 20리 밖에 못 갔다. 산중이라 비 오는 날이면 비를 피할 데도 없었다. 밤새 주무시지 못하고 앉은 대로 지새우면서도 선생이 밤하늘을 쳐다보며 총총한 별을 보고 하나님께 영광을 돌리고 있는 모습은 보기에도 엄숙했다. 만상이 깊이 잠들고 제자들도 자고 어두움의 장막이 완전히 땅을 덮은 속에서 혼자 깨어 이선생은 잘 부르시는 찬송을 고요히 읊조리고 있었다.

"주 날 불러 이르소서, 말씀대로 전하리니, 주 찾으신 길 잃은 양 나도 따라 찾으리라. 오 나같이 천한 자도 주 뜻대로 쓰옵소서, 저 영광의 주께 가는 그날까지 도우소서."

화학산은 구석구석이 이현필 선생과 그 제자들의 수도의 도장이다. 그리고 6.25 피난 때 고생하던 자리다. 소반바위는 자매들이 은둔생활하며 수도하던 자리다. 문바위는 오북환 집사가 일제 때와 6.25 때, 이곳에 숨어 4년 동안이나 살다가 해방당한 곳이다. 도구밖골은 수레기 어머니가 8년 동안 나병을 위해 기도하던 곳이다. 골짜기 바위에서 한밤중마다 기도하고 있었는데 8년 만에 영음이 들리기를 "네 소원이 이루어졌다" 하자 즉시 나병이 깨끗해졌다고 한다.

도암의 성인 이세종 선생도 이곳에 산막을 지으려다가 각시바위에 가서 산 위에 기도 장소를 정했다고 한다. 그 후로 서울 어머니, 이대영 씨, 이재갑 장로 등도 여기서 여러 해 머물며 기도를 했다. 그리고 강차남 등 세 순교자가 마지막 끌려가 순교를 당한 곳도 이 근처다.

순례 행각을 하면서 간혹 마을에 머물게 될 때는 한 집에 유하다가 다음 집으로 가기도 했다. 들어가는 집집마다 제자들 보고 소제를 해드리라고 시켰다. 정혜신 수녀가 소제를 않을 때는 이현필 선생이 손수 화장실 소제까지 했다. 산마을의 집들은 너무도 더러워 마루에 걸터앉을 수도 없었다.

마을 어른들은 이현필 선생이 초면인데도 반갑게 맞아 주었다. 그리고 고맙게도 일행이 다음 찾아 볼만한 사람을 일러주고 소개하기도 했다. 마을을 떠날 때면 이현필 선생은 만나는 사람마다 붙잡고, "산에 나무를 심으시오. 나무를 어려서 베지 말고, 먼 훗날을 위해 기르시오" 하고 가르치고 다녔다. ....

2) 유화례 선교사와 동광원

6.25 때에 이선생과 동광원의 식구들이 유화례(플로렌스 루트)선교사를 모시고 화학산에 들어가 숨은 곳에는 이선생이 평소에 미리 전도해둔 이들이 있었다. 화학산 소반바위 밑에 사는 한종식씨도 그런 분으로 이선생이 평소에 깊은 산중을 찾아다니며 전도해서 믿게 된 사람이다. 한종식씨는 6.25때 이현필 선생이 화학산에 들어와 암굴 속에 숨어 있을 때 생명을 내걸고 식량 운반을 해 주었다.

화학산은 높은 산은 아니나 깊은 산이다. 6.25 전에도 Y총무였던 정인세 선생이 노인 몇을 데리고 소반바위 너머 살고 있을 때에는 공산당 빨치산들이 산마루로 망을 보며 왔다 갔다 하다가는 때로는 감을 가지고 와서 노인들에게 주기로 하고 곁들여 공산주의 선전을 하며 언젠가는 공산주의가 세계를 지배한다고 말하기도 했었다.

동광원 식구들은 무서운 줄을 몰랐다. 정인세 선생이 화학산 속을 노인들과 다닐 때도 경찰 부대가 빨치산을 토벌하느라고 산을 포위하고 쌍방이 치열한 총격전을 벌이곤 했다. 그때에도 빨치산 10여명이 후퇴하는 틈바구니 속에 끼어 있었는데 총알이 비 오듯 하는 그 속에서도 노인들은 찬송만 부르고 있었다. 경찰대가 돌격해 와서 노인들이 있는 곳까지 쳐내려 와서 "빨갱이들이 어디 갔소?"하고 물어도 믿음으로 열심이 가득한 노인들은 경찰의 손을 잡고 "예수 믿어야합니다"면서 전도했다. 경찰들은 입으로는 "예, 예"하면서도 잡은 손을 뿌리치고 다른 데로 달려갔다.

유화례 선교사는 계속 중촌부락 길갓집의 뒷방에 숨어 있었으나 공산주의 빨치산들이 바로 문 앞길을 밤낮으로 왕래하며 마을의 집집을 수색하므로 더욱 위험하여 불안을 느껴 도저히 견딜 수가 없었다. 그래서 의논한 결과 화학산으로 들어가 소반바위로 거처를 옮기기로 결정했다. 그래서 어느 날 일행 8명이 길을 떠났다. 10리나 되는 산길이었다. 일행으로 유화례, 정인세, 조용택, 방안식, 김금남, 기타 2명이었다. 유선교사 머리에는 부인처럼 수건을 씌워 얼굴을 가리게 하고 고무신을 신게 했다. 처음에는 유선교사를 또 지게에 싣고 가려 했으나 거절하므로 청년이 업고 가자고 했으나 그것도 거절하면서 유선교사는 자기가 어려서 12살까지 맨발로 걸어다닌 경험이 있다고 하여 걸어가기로 했다. 그러나 유선교사는 그동안 잘 먹지 않아 쇠약해졌으므로 한 발자국 옮기는 것도 어려워했다. 김금남양이 손목을 잡고 가면서 산을 오를 때는 등을 밀어 주었다. 선두에는 정인세 선생이 서고 유선교사는 중간에 세웠다. 길은 아랫무지에서 윗무지로해서 감나무골로 빠지는 길이었다.

중촌에서 화학산 소반바위까지 이르는 산중의 이곳저곳에는 동광원 식구들이 많이 움막을 치고 살았다. 배나무골에서 소반바위까지의 길은 가파른 능선이었다. 길이 험해서 모두들 땅만 보고 걸어 올라가는데 갑자기 이상하게 오슬오슬 오한이 느껴져 고개를 들어보니 빨치산 7,8명이 일행이 가는 앞길에 기다리고 서서 총부리를 겨누고 있었다. 처음에는 그 정체를 몰라 서로 귓속말로 속삭였다.

"어느 편인가?"

"경찰들입니다."

"아니오, 공산유격댄가 보오."

그들은 주저하고 있는 일행에게 "빨리 올라와!"하고 소리쳤다. 유선교사는 실색이 되었다. 그러나 당황치 않고 되도록 동작을 느릿느릿 취했다. '헛수고했구나. 왜 광주를 떠났던고' 후회도 났다. 빨치산들은 산에 익숙하여 마치 썰매를 타듯 산허리를 재빨리 내려왔다. 그들은 일행이 산중에 숨으러 오는 사람인 줄 눈치 채고 단번에 "개새끼! 반동분자들!"하고 소리쳤다. 입산하는 모양이 어김없이 반동분자이다. 그들은 와르르 달려들어 일행을 포위하고 총을 겨누며 "거기 앉아!"

하고 소리 질렀다. 빨치산 대장인 듯한 자는 별 두 개를 달았고 나이는 열일곱쯤 되어 보이는 소년이었다. 그들의 하는 말을 들으니 그들은 아직 세상이 자기네 세상으로 변한 줄 모르고 궁금하여 산에서 하산하는 중이었다.

일행을 앞에 꿇어앉히고는 한 사람씩 휘둘러보다가 그중 조용택 전도사를 보더니 그가 눈이 부리부리하게 생긴 것으로 보고 그에게 먼저 질문했다. "너 이놈, 개새끼지?" 했다. 개새끼는 순경을 뜻한다. "아니오. 나는 전도사입니다"했지만 곧이듣지 않았다. 이런 때에는 누구나 자기 신분을 숨기고 거짓말을 하고 다니는 때이니까 정직하게 말해줘야 곧이듣지 않았다. 누구나 그의 첫인상을 보고 그의 신분을 짐작하려 드는 때이다. 조용택 전도사는 눈이 크고 인상이 우락부락하게 생겼기 때문에 어디 한 자리 해먹은 사람 같아서 이런 경우에는 참 불리했다. 불안을 느낀 조전도사는 자기 품에 지니고 있던 편지 봉투 하나를 꺼내 보이며 거기 전도사라고 쓴 것을 지적해가며 자기 신분을 증명해보고 애썼다. 공산당들에게 전도사가 동정 받을 신분일 리 만무하지만 그래도 이 순간에 그들은 개새끼를 찾고 있다. 만일 개새끼였더라면 용서가 없다. 즉결 처분이다.

이때 정인세 선생이 앞으로 나서서 말했다.

"아니오. 이 양반은 전도사임이 분명합니다"

이렇게 변명하자 그들은 정인세 선생을 보고 말했다.

"당신은 누구요?"
"예, 저는 정인세라 합니다."

정인세라는 대답에 그들은 조금 놀라는 기색을 하면서 물었다.

"오, 당신이 정총무요?"

이렇게 말하는 그들의 태도가 순간 부드러워졌다. 살벌하던 분위기가 웬일인지 누그러졌다. 이때 정선생은 긴장으로 입이 바짝 달라붙었다.

"저를 아시는 모양이니 용납하시오."

그러자 빨치산은 아주 태도가 달라지며 말했다.

"우리는 당신들께 신세 많이 졌소!"

무슨 소린가 했더니 이전에 사건이 터지기 전 평화로운 시절 정인세 선생이 이현필 선생과 함께 이곳 화학산 산중을 자주 드나들면서 불쌍한 사람들을 도와준 일이 있었는데 그때 구제받은 사람이 지금 이들 중에 섞여 있는 것이다. 그리고 동광원 계통의 식구 일부는 6.25 전에도 화학산 이곳저곳, 이 구석, 저 구석에 움막을 치고 살고 있으면서 산중에다 김치를 담가 두고 곡식 등을 저장해 두었는데 갑자기 경찰에서 산중에 사는 사람들에게 하산하라는 명령이 내려와서 할 수 없이 김칫독이나 곡식 등을 땅굴을 파서 저장하고 내려왔는데 빨치산 유격대원들은 산에 살면서 먹을 것이 없는 겨울철에 그것을 먹으며 살았던 것이다.

"그때 주신 쌀과 김치 잘 얻어먹었습니다."

그들은 정인세원장에게 인사까지 하며 고마워했다.
그때였다. 아주 불행한 일이 생겼다. 둘러선 빨치산 중 한 사람이 유화례 선교사 쪽을 유심히 바라보더니 머리엔 수건을 쓰고 고개를 숙이고 앉아있는 유선교사가 잠깐 힐끗 쳐다보는 사이에 얼굴을 보고 갑자기 큰소리를 질렀다.

"서양 여자다!"

모두의 시선은 유선교사에게로 집중되었다. 무사히 잘 넘어간다

싫어 마음을 풀고 어물어물 넘기려 했는데 그만 탄로가 난 것이다. 일이
잘 풀린다 했는데 갑자기 이렇게 됐으니 맘 속으로 '아이고 큰일 났구
나.' 여간 걱정이 아니었다. 이제는 진짜 큰일이 난 느낌이었다. 가슴이
철렁했다. 그러나 이러고 있어서는 안 된다. 정선생은 필사적인 심정이
됐다. 지체하지 않고 나서서 큰 소리로 말했다.

"이분은 서양 여자이기는 하지만 우리나라에 귀화한 사람으
로서 27세 때에 한국에 와서 지금까지 우리나라를 위해 전도
하고 수고를 많이 한 사람입니다. 이 땅에 파묻히려고 보시다
시피 전쟁이 나도 피난도 안 간 분이니 한국 사람이나 다름이
없습니다."

정원장은 그들에게 열심히 설명했다. 선교사라는 말은 하지 않았
다. 빨치산들은 쉽게 납득하려 하지 않았다. 이때 이미 상부로부터 이
현필, 정인세, 유화례가 화학산에 들어갔으니 세 사람을 체포하라고 지
령이 내려진 뒤였지만 아직 여기까지는 지령이 도달하지 못했다. 그래
서 이 빨치산들은 그 사실을 모르고 있었다. 그들은 세상이 변했다는
소식을 얼핏 듣고 지금 들뜬 마음으로 산을 내려가는 중이었다. 그러
니 서양 여자가 낀 이 사람들을 체포할 마음도 없고 데려갈 형편도 없는
노릇이었다. 그때까지는 아직 치열한 전투가 없었다. 정인세 선생은 계

속 열심히 설명했다.

"우리는 고아원 하는 사람들입니다. 지금도 이 산 아래에는 백 명 이상이 기다리고 있습니다. 내 말이 곧이 들리지 않으면 나를 볼모로 잡아 두고 산 아래 내려가 조사해 보십시오."

정 선생은 그들에게 애걸하다시피 했다. 그러자 그들은 유화례 선교사에게 말을 걸었다.

"당신, 미국사람 아니오?"
"예."

유선교사는 태연했다.

"당신 무전기 가지고 있소?"
"아니오. 무전기가 아니라, 한국에 복음을 가지고 왔습니다."
"광주에서 왜 여기까지 왔소?"
"시민들에게 피난 나가라는 방송을 해서 왔습니다."
"어디로 가라는 거요?"
"모릅니다."

"공산주의를 어떻게 생각합니까?"

"나는 미국사람이니 좋게 생각하지는 않습니다."

그들은 그제서야 광주에 인민군이 들어온 줄 알아챘다. 그들의 관심은 지금 이런 시끄러운 일을 오래 묻고 있을 시간이 없었다. 오랫동안 산중에만 칩거해 있었기 때문에 밖의 정세를 어서 빨리 알고 싶었다.

"바깥세상은 어떻게 됐소?"

"당신들 세상이 왔소."

이 말을 들은 그들은 기뻐 날뛰었다.

그동안 그들은 고생하며 살아왔다. 산속에서 식량이 떨어져 도토리를 주워 먹으며 연명해왔다. 빨치산 대원 중에는 그 지방 출신들이 여럿이 있었다. 그들은 이중간첩처럼 2중 역할을 하기도 했다. 그런고로 그들은 동광원을 잘 알고 있었고, 정인세 총무에 대한 이야기도 많이 듣고 있었다. 동광원 식구들이 화학산에 들어가 있을 때 이 산을 무대로 암약하던 빨치산들은 처음에는 별로 해를 끼치지 않았다. 그들은 이현필 선생과 그를 따르는 사람들은 "세상에 둘도 없는 예수를 믿는 이들"이라고 불렀다. 6.25전에도 빨치산들은 이 산에 숨어 있으면서 동광원 식구들이 예배 볼 때면 마루 끝에 와 앉아 구경하기도 했다. 그들이 이 산을 떠나 다른 곳으로 이동할 때는 "당신들이 농사해 놓은 것 신세 많이 졌습니다."라고 인사하기를 잊지 아니했다. 그러던 것이 지금 동광원은 산으로 들어오고, 그들은 산을 떠나고 있는 것이다.

빨치산들은 태도가 너그러워져 뜻밖에 친절해졌다.

> "우리는 유격대인데 이 산에 살면서 당신들이 산에서 쑥을 뜯 어먹으며 양심 생활하는 모습을 다 보아왔다. 세상이 당신들 같으면 전쟁이 무슨 소용이 있겠는가? 사실은 당신들이 이 산에 아껴 숨겨둔 양식을 우리가 뒤져내 그동안 먹고 살아왔 다. 그 양식을 먹은 우리 동지들은 거의 다 죽고 이렇게 우리 몇 사람만 남았을 뿐이다"

이렇게 말하면서 자기네 세상이 되었다니 기분 좋아져 부드럽게 대해 주었다. 그밖에도 여러 가지로 오래 묻다가 나중에는 정인세 선생 에게 말했다.

> "이 서양 여자는 당신이 책임져야 합니다. 나중에 어떤 지시 가 있을 겁니다. 좋습니다. 가시오 ! "

이렇게 말하며 일행을 놓아주었다. 단단히 걸린 줄 알았는데 뜻밖의 행운이었다. 호랑이 아가리에서 빠져나온 것 같았다. 흥망이 유수 같다더니 이 세상일은 이렇게 변하는 것이다. 지금 그들은 하산하여 세상으로 나가고 동광원 식구들은 입산해 들어오고, 서로가 뒤바뀐 것이다. 사실은 그때까지 그들은 자세한 세상 정세를 모르고 있다가, 정선생 일행을 여기서 만나 확인하고 너무도 기뻐서 되는대로 대강 묻고는 놓아 주었다. 산속에 들어와 보니 그들의 살림터와 은거지가 있었다. 여기저기에 묘하게 파놓은 그들의 은거지에 주인이 교체되었다. 동광원 식구들이 그들 은거지에서 살게 된 것이다.

그러나 이 상태는 불과 얼마 동안뿐이었다. 한 달쯤 뒤에 그들은 다시 산에 되돌아 왔다. 해방 이전부터 화학산 구석구석은 이현필 선생의 수도의 도장이었다. 자주 드나들던 곳이며 가끔 이 산에 들어와 기도와 명상으로 보내던 곳이며, 해방 이전부터 동광원 식구들이 인연을 가지고 있었지만 특히 6.25 무렵에는 동광원 1백 50명의 대식구들이 화학산 여기 저기 흩어져 하루 한 끼씩 먹고 살던 곳이다.

청소부락, 중촌부락, 도구박골(도구봉) 가마터, 문바위, 이세종선생의 유적지와 무덤, 각시바위, 바람재, 소반바위, 암굴, 그 모두는 이선생과 동광원 식구들이 살던 곳이요 유적지가 되었다. 화학산에서 내려오는 도중에 아랫무지가 있다. 동광원 식구들이 존경하던 손임순, 즉 중촌 앞 개울물에서 아깝게 세상을 떠난 수레기 어머니의 친정집이 있는 마을이다. 불과 십여 채의 집들이 옛적 그대로의 모양으로 고요히 살고 있었는데 동광원 사람들은 이 마을을 "수레기 어머니 마을"이라 불렀다.

이 넓은 산중, 이 골짜기 저 골짜기에 흩어져 숨어 사는 동광원 대식구들을 지도하던 이현필 선생은 밤낮으로 계속 순회하면서 심방했다. 오복환 집사도 따라 다녔다. 감나무골로 더듬어 올라가면 바람재가 있고 그 뒤로 그다지 높지 않은 봉우리 소반바위라고 불리는 곳이 있다. 큰 바위가 있는데 그 생긴 모양이 소반 같다고 해서 그렇게 불렸다. 뒷 봉우리로부터 느른하게 흐른 산자락 끝에 남향하여 놓여진 소반바위, 그 위에 서서 멀리 바라보면 바람재 너머로 아득히 영광 월출산(月出山)의 수려한 모습이 보인다. 마치 금강산 같다.

소반바위는 크지 않은 평평한 바위이지만 여러 가지로 유서 깊은 곳이다. 은사들이 숨어 살던 곳이다. 일제 말엽에 신사참배를 피하여 이 산중에 피신하여 숨어 살던 여러 사람 중 이상복 집사는 이 소반바위 옆에다 산막을 치고 은거를 했다. 그도 도암 성인 이세종 선생의 제자였다. 지금도 이 바위 밑 땅에는 당시 그가 심었던 돼지감자와 우봉 등이 묵은 뿌리에서 싹이 돋아 우거진 잡초 속에 섞여 그대로 자라고 있다. 갈대밭은 사람의 키를 넘게 빽빽이 우거져 있다.

그 후 6.25 때는 소반바위 이 자리에 다시 강화선씨, 허강남씨 등이 산막을 짓고 살았고, 이현필, 정인세 선생과 그의 제자들이 왕래하며 숨어 지냈다. 그들은 빨치산들과 한 산속에 어울려 살면서 그들의 추적을 받으면서도 숨바꼭질하듯이 묘하게 이리저리 피해 지냈다.

처음 화학산에 들어와서 유화례 선교사는 이 소반바위에서 3주간 동안이나 아무 일 없이 평안히 지냈다. 그는 이 소반바위 옆에 조그만 산막을 짓고 나이 어린 처녀들 25명과 함께 하루 두 끼씩 먹고 지내면서 처녀들에게 창세기, 마가복음 등으로 여름성경학교를 가르쳤다. 음식도 잘 잡숫고 유쾌하게 산 생활을 시작했는데 두어 주일쯤 지나 몸이 아프기 시작했다. 깊은 산중이어서 걱정이 됐지만 그는 이렇게 기도했다.

"하나님 여기 있으면서 나를 위해 수고하는 이 사람들에게 폐
를 끼치지 않도록 아프지 않게 하옵소서"

금요일 새벽이었는데 유선교사는 지난밤 잠을 이루지 못했다. 무슨 좋지 못한 예감이 들었던지 아침 일찍 일어나자 금남양에게 말했다.

"오늘은 예수님이 잡히시던 날이니 기도하고 오겠어요. 먹을
것은 필요 없고 무만 좀 주세요."

그렇게 당부하며 아무도 함께 따라오는 것을 거절했다. 안색이 병색이라 염려스러워서 산막 지키던 강부남씨가 만류했지만 그는 고집을

꺾지 않고 그곳을 떠나 혼자 근처 어디에 있는 큰 바위 그늘로 찾아가 종일 기도하고 성경을 읽기로 했다. 주위 사람들의 만류에 유선교사는 대답하였다.

"지금은 나 혼자 가야 하는 시간입니다. 내게 자유를 주시오"

이 말을 하시며 베드로가 예수님을 붙잡고 간하다가 책망 받은 이야기를 들려주고 어디론가 혼자 기도하러 떠났다.

아침 유선교사가 그렇게 집을 나간 후 점심 때 쯤 되어 밖에서 남자들 소리가 나더니 빨치산 15명이 떼를 지어 달려들었다. 손과 손에 창 몽둥이를 들고 집을 포위했다. 유선교사를 잡으러 왔다. 그들은 집안을 온통 수색하며 유선교사가 숨어있는 데를 찾으려 하고 또 무전기를 숨겨두었나 찾았다. 유선교사의 소지품은 미리 방구석 돌 밑에 숨겨 두었다. 빨치산들은 거기 있는 동광원 식구 한 사람 한 사람을 따로 끌고 가 심문하면서 유화례 선교사가 숨어 있는 데를 알려고 누구의 입에서 무슨 말이 나오나 얼굴 표정도 엿보곤 했다.

그때는 이현필 선생도 와서 계셨다. 빨치산들은 유선교사를 보았노라는 증인도 데리고 왔다. 그가 분명히 자기 눈으로 목격했노라 증언해서 데리고 왔는데도 발견되지 않으니, 그들은 도리어 그 사람의 뺨을 치면서 말했다.

"이 자식 어찌 된 셈이냐?"

"참 알 수 없는 일인데요..."

"이 사람이 직접 제 눈으로 미국 사람과 순경의 무기가 있는
것을 보았다고 해서 왔는데..."

빨치산들이 도리어 미안해했다. 그러면서 말했다.

"참 당신들처럼 이런 생활만 한다면 어찌 전쟁할 필요가 있겠
소!"

이현필 선생은 수녀들에게 그들의 점심을 지어 드리라고 명하고
그들의 떠남을 만류했으나 그들은 거절했다.

"우리가 어찌 이런 곳에서 점심 대접을 받겠습니까?"

그렇게 사양하고 떠났다. 그들은 잡담하며 노래를 부르며 가는데
바로 아침에 유선교사가 기도하러 간 방향으로 갔다. 그들이 왔다간 뒤
산속은 석양이 지나도록 죽은 듯 고요하더니 모두들 걱정하고 있는데
달이 넘어가서 어두워져서야 어디서인지 유화례 선교사가 제법 찬송
까지 부르며 아주 쾌활한 모습으로 돌아왔다. 그는 자기가 기도하고 있

던 바로 그 바위 앞으로 자기를 잡으러 왔다가는 빨치산들이 지나가는 것을 보고도, 그들이 빨치산인 줄 모르고 동광원 젊은이들인 줄만 알고 걱정도 않고 있었다. 하나님의 신기한 보호였다.

낮에 있었던 이야기를 들으면서 그는 파란 눈을 깜박이며 말했다.

"나 오늘 길가 바위 밑에 숨어 기도했습니다. (그는 지나가는 빨치산들을 동광원 젊은이들로 생각하고,) 우리 학생들이 노래 부르며 지나가기에 내다보려다가 그만 두었습니다"

하나님께서는 이렇게 묘하게 어려움을 피하게 하시려고 갑자기 유선교사의 몸을 병들게 해서 그날 그 자리를 떠나 안전한 곳에 홀로 있게 하신 것이다. 유선교사는 그날 저녁 돌아와서부터는 언제 아팠냐는 듯이 밥 잘 잡수시고 잠도 잘 주무셨다.

소반바위에다 유화례 선교사가 거처할 자리를 마련한 정인세 선생은 산 아래 중촌부락에 남겨둔 백여 명 식구들의 안부가 걱정이 되어 되돌아 내려가서 그들을 보살피고 있었다.

서울을 점령한 뒤 대전으로 광주로 물밀 듯 내려오던 인민군들은 낙동강 전투에서 발이 묶이고 말았다. 이어서 연합군의 인천상륙작전으로 전세가 불리해지니 날이 갈수록 시국이 위험해져서 화순군 도암, 다도 등지의 인민군 내무서에서는 신경질적으로 발악하며 백성들을 들

볶았다. 동광원 식구들도 계속 불러내어 취조하였다. 그때마다 정선생은 끌려가는 식구들의 뒤를 따라가 지켜보고 사정하였다. 마지막에는 더욱 위태로워져서 정선생도 입산하고 말았다.

3) 화학산의 기적

이현필 선생이나 정인세 선생은 6.25 동란을 겪는 동안 몇 번이나 생명이 아슬아슬한 위험한 고비를 당했다. 그런 때는 별 도리 없이 하늘만 쳐다보았다. 그러노라면 신통한 예감이 생기고 지혜가 생겼다. 더구나 이현필 선생은 위급할수록 더 침착했다. 그리고 그에게는 분명히 남보다 뛰어난 신통한 직감력(直感力)이 있었다. 그러나 그는 절대로 자기가 예언자나 된 듯이 하지 않았다. 다만 자기가 느낀 예감에 따라 세밀하게 지시하면서 행동하여 보기 좋게 어려운 난관을 개척해 나가는 능력이 있었다.

유화례 선교사를 이런 지혜로써 광주에서 화순 중촌까지 모시고 오고 거기서 다시 화학산 소반바위까지 모셔다 놓은 후, 얼마 동안 정인세 선생이 산 아래 중촌부락에 내려가 있는 사이, 이현필 선생은 또 어떤 예감이 들었던지 유선교사의 거처를 소반바위에서 옮겨 거기서 서쪽으로 좀더 가면 계곡이 내려다보이는 절벽 속의 우거진 숲 속에 파묻혀 있는 암굴(岩窟) 속으로 가 숨어 계시게 했다. 어떤 위험을 느끼신 것이다. 그리고 수녀 몇 명을 암굴로 따라 보내어 유 선교사와 함께 지내게 했다. 이렇게 처리하고 난 직후 소반바위에는 위태한 일이 생겼던 것이다.

시편 18편 전체와 또 시편 27편은 이 당시 유선교사에게는 가장 적절한 시요, 그가 매일 사랑하여 외우던 시이다. 말씀은 그에게 희망과 안위를 주었다. 특히 이 위급한 시기에 유화례 선교사의 마음에 영감과 신념을 준 것은 시편 28편 17절이었다. '내가 죽지 않고 살아서 여호와의 행사를 선포하리로다'하는 구절이었다. 유선교사는 하나님께서 자기를 지키시는 사실을 믿고 두려움이 없었다. 다만 자기를 위하여 염려해주는 주위의 동광원 형제들에게 너무 미안하여 자기에게 너무 염려를 갖지 말아 달라고 했다.

새로 옮겨온 암굴은 소반바위에서 5분도 못되는 거리에 있었다. 암굴 밑 계곡에 사는 한종식씨가 예전에 나무하러 다니다가 발견한 굴로서 그 이외에는 아무도 이 굴이 있는 줄 몰랐다. 그 굴은 소반 바위 뒤 고개를 올라 서편 계곡을 내려다보는 깎은 듯한 뾰족한 절벽 위, 우거진 숲속에 숨겨져 있었다. 굴이라고 하지만 천연적으로 뚫린 것이 아니고 큰 바위 머리가 앞으로 내밀어 경사진 작은 바위 위에 괴어져 이루어진 굴이다. 굴속 바위 뿌리 부분은 얕아서 누워야만 있을 수 있었다. 굴 바닥을 파서 공그르고 나뭇가지를 꺾어다 깔고, 한종식씨 집에서 이불을 얻어다 깔았다. 이 굴속에 사람 열 명은 수용할 수 있었다.

그 근처에도 있을 만한 데가 있어서 남녀 따로따로 갈라서 거하였다. 유선교사, 김금남 수녀 등이 한곳에 있었고, 이현필, 정인세 선생 등이 곁의 굴에 거하였다. 이렇게 열흘 동안을 그 굴속에서 살았다. 그 굴에서 내려다보이는 계곡에는 바로 한종식씨의 외딴집이 있었다. 한종식씨는 예전에 이현필 선생이 화학산 마을 마을을 찾아다니며 전도를 할 때 그 전도를 받고 예 수 믿는 분이다.

이선생은 한 마리 양을 찾아 30리, 50리라도 산중 을 찾아다니며 전도하고 심방했다. 이현필 선생의 전도를 받은 분은 누구나 예수를 믿어도 골수로 믿었다. 한 사람에게 전도해도 지성으로 했기 때문에, 그의 전도를 받은 사람들은 모두 선생의 정신을 닮아 희생적이었다. 이현필 선생이 한종식씨에게 전도하시며 예수 믿는 사람이 밭에 담배를 재배하는 일은 좋지 않다고 하니 한씨는 그 즉시 나가서 담배밭을 갈아 뒤덮어 버렸다. 그는 비록 무식한 나뭇꾼이지만 이선생의 정신을 잘 이어 받았다. 이선생이 그보고 믿는 사람은 착한 일을 해야 한다고 가르치니 그는 달밤에 나가서 쟁기를 들고 가난한 과부댁의 밭을 갈아주기도 했다.

유화례 선교사가 뒷산 굴속에 숨어 지내는 동안 한종씩씨는 밤 11시가 되면 지게를 지고 산에 올랐다. 지게 속에는 선교사를 위해 음식을 준비해 감춰가지고 우거진 숲을 헤치며 찾아와 식사를 제공 했다. 시키지도 않은 일이었지만 효자같이 매일 그랬다. 유선교사는 한종식씨의 성의가 너무 고마워서 자기가 지니고 있던 비상금 3만원 중에서 만원을 꺼내 그에게 주었으나 그는 기어이 받지 않았다. 한종식씨는 "남이 이렇게 어려움을 겪고 있는데, 내가 돈을 바라고 돕고 있는 줄 아느냐"면서 내놓은 돈을 도로 선교사 발 앞에 밀어 보냈다. 유선교사도 그만 감격해서 "내가 한국 사람을 다시 보아야겠다."고 하셨다.

　광주에 어떤 여신도가 있었다. 두 아들이 공산당이었다. 그래도 어머니는 새벽기도를 잘 다니는 분이었는데 이 여신도는 공산당에게 상을 타려고 이현필선생에 대해 무고를 했다.

　　"이현필, 정인세가 미국인 유화례를 데리고 셋이서 겨드랑 밑
　　에 무전기를 끼고 다니면서 간첩 노릇을 하는데 그 밑에 백여
　　명을 거느리고 있습니다."

　그런데 사실 유선교사가 본국으로 피란을 가지도 않고 갑자기 잠적한 게 사실이고 해서 공산당에서는 이 세 사람을 간첩으로 잡으라는 지령을 내렸다. 광주를 떠나 화학산에 들어간 것이 사실인데 산중 어디에 숨었는지 알 수가 없었다. 그래서 화학산 일대는 봉우리마다 무장유격대가 배치되었고 유격대들은 한종식씨를 붙잡아 세 사람이 숨어있는 거처를 대라고 고문하고 매를 때리고 개머리판으로 구타했지만 그는 끝내 바로 대지 않았다.

어느 날 굴에 찾아온 그의 얼굴에는 공산당들에게 매를 맞은 상처가 낭자했다. 유화례 선교사는 그들의 적국인이요, 그를 체포하면 정치적 흥정거리로 삼을 수도 있을 것이다. 더구나 무전기를 가지고 연락을 한다니 그들은 유선교사를 필히 잡으려고 무진 애를 썼다.

유 선교사 일행은 굴속에서 낮이면 종일 꼼짝도 못 하고 쪼그리고 숨어있어야 했고 밤이 오면 모두들 동면을 깨고 기어 나오는 개구리같이 굴속에서 기어 나와서 굳어진 팔다리를 풀려고 운동을 했다. 얼마 후에는 굴속에서 밤에 자는 것도 염려스러웠다. 새벽에라도 유격대가 곧 덮쳐올 듯했다. 그래서 밤에도 산의 경사진 곳 풀밭 속에서 달빛을 받으면서 담요를 머리에 뒤집어쓰고 잠을 잤다. 담요 빛깔이 초록색이어서 잘 은폐해주었다. 때로는 낮에도 담요를 쓰고 근처 우거진 풀밭속에서 숨어 지냈다.

어느 날 밤 김금남 수녀와 강화선 어머니가 소반바위 산막 아랫방에 누웠고, 이현필 선생은 윗방에서 주무셨다. 밤중에 갑자기 밖에서 요란스런 소리가 들리더니 빨치산들이 몰려왔다. 너무 급하게 닥쳐들어서 윗방에서 주무시는 이선생을 깨울 틈도 없었다. 빨치산들은 문을 열고 강화선 어머니의 목에다 총부리를 대고 "이현필을 내놓으라"고 고함을 질렀다. 강화선 어머니는 가슴이 떨리면서도 "우리 선생들은 성신님 지시대로 사시는 분들이어서, 금방 있다가도 곧 없어집니다. 어디 가셨는지 모르겠습니다."했다. 그들은 집을 모조리 수색했다. 그들은 윗방문을 열었다.

초저녁에 분명히 이선생이 거기 계시던 것을 보았기 때문에 강화선 어머니와 김금남 수녀는 가슴이 죄었다. 그러나 방문을 열고 들여다보았는데도, 그들 눈엔 이현필 선생의 그림자는 보이지 않았다. 사실은 이선생의 긴 몸이 방구석에 담요를 쓰고 누워계시면서 선생은 누운 채 그 소동을 모조리 듣고 있었는데도 이상하게 빨치산들은 선생을 보지를 못했다. 산막을 몇 번이나 수색하면서도 보지 못했다. 자기네가 찾으려던 사람을 발견하지 못한 그들은 방안 항아리 속에 저장해 둔 곡식을 발견하고 그것을 가지고 이러니 저러니 한참 시비를 벌이다가 나중에는 밭에 심은 푸성귀를 싹 따먹고 돌아갔다.

암굴에는 공산 유격대들이 찾는 유화례 선교사가 숨어있고, 암굴 뒤 고개 너머 소반바위 산막에는 강화선, 허강남씨 등 자매가 살고 있었다. 여자들이지만 그들은 담대했다. 어느 날 이현필, 정인세 두 분이 산막 윗방에 와 있다가 밤 12시가 지나서 이현필 선생은 정 선생을 권유하여 자리를 다른 데로 옮기자고 했다. 아무리 피난생활이요, 방은 다르지만 여자들과 같은 집에 밤중에 있기가 꺼렸든 것이라 짐작이 됐다.

두 사람은 거기서 불과 20보 이내 거리의 경사진 밭머리에 세운 원두막에 올라가 잤다. 담요 한 장씩 들고 다녔는데 이선생의 것은 회색이고 정선생의 것은 원색이었다. 잠시 잠이 들락말락 하는데 원두막 아래 산막에서 떠드는 소리가 들렸다. 인민군과 유격대로 편성된 14명의 무장 빨치산이 또 몰려왔다. 화학산에는 잠복한 이현필, 정인세, 유화례를 체포하라는 명령이 내려 매일 수색하던 끝에 깊은 밤중에 이 산막을 덮쳐 포위한 것이다. 그들은 이현필이 숨어있는 데를 대라면서 촛불을 켜들고 방안 구석구석을 뒤졌다. 마당에 가려놓은 나뭇단 아래도 샅샅이 뒤졌다. 분명히 있는 줄 알고 왔는데도 아무 데도 없었다. 아랫방에서 잠자다 난을 만난 강화선 수녀의 가슴에 그들은 총부리를 대고 "유화례 내놔라! 정인세 이현필은 어디갔나? 그들이 어디 숨었는지 바로 대라!"고 큰소리 지르며 위협했다. 바로 대지 않으면 쏴 죽인다고 했다.

그러나 수녀들로서도 어떻게 된 영문인지 알 수 없었다. 윗방에서 주무시는 줄만 알았던 이 선생이 밤중에 감쪽같이 없어진 일에 대하여 강수녀도 사실 어디로 사라졌는지 알지 못했다.

태연히 대답했다.

"나는 몰라요!"
"죽여버린다!"
"알아서 하시오."

깊은 산에서 혼자 기도하며 살아온 강화선 수녀의 담력은 대단했다. 꼼짝도 안 했다. 이 여인의 당돌하고 쨍쨍한 소리는 지금 원두막에서 한잠 자다가 깨어 이 상황을 지켜보고 있는 이현필, 정인세 두 분의 귀에 바로 곁에서 말하듯 들렸다.

그 당시 화학산 구석구석에 분산해 살고 있던 동광원 전원은 어린 애들까지 모두 이렇게 담대했다. 그리고 비밀을 잘 지켰다. 누구나 유격대에 잡혀가서 이현필 선생이나 유선교사가 숨어있는 데를 대라면 총은 가슴에 대고 으레히 대답은 "몰라요!"하고 태연했다.

대부분의 고아들은 산아래 청소와 중촌마을에 머물러 있게 하고 화학산 산중에 숨은 이들은 유화례 선교사와 그의 두 서기, 그리고 시중하는 수녀들, 이현필, 정인세, 오북환, 김준호, 여자들로는 강화선, 여자 순경 출신인 김은연씨(후에 광주 방림 동광원 총무) 그리고 옛날의 이현필 선생 부인 황여사였다. 이런 분들을 화학산 여기 저기 분산시켜 숨겨두고는 그들이 숨어있는 처소를 청년 하나가 밤마다 식량으로 보리쌀을 져 날랐다.

이렇게 같은 산중에 공산 빨치산들과 동광원 식구들이 오월동주마냥 서로 쫓고 쫓기면서 숨바꼭질 하듯이 살았다. 원두막 위에 엎드려 숨을 죽여가며 이 광경을 바로 눈앞에서 내려다보던 이현필, 정인세 두 분은 서로 귀에 대고 의논했다. 이현필 선생은 정선생에게 "우리 두 사람이 지금 여기서 같이 죽어선 안 되니 하나는 빠져나갑시다"라고 말했다. 유화례 선교사를 위하여 이현필 선생이 연락을 취하기로 하고 그는 원두막에서 다람쥐같이 잽싸게 내려 밭고랑 사이를 기어 우거진 갈대밭 속을 어느새 바람 지나가듯 **빼**져나갔다. **빼빼** 마른 그의 몸은 탈출하는 동작이 비상했다. 날은 새벽이 가까웠지만 이선생이 쓰고 있던 회색 담요는 어둠 속에서 보호색이 되어 주었다.

정인세 선생도 붙잡혀갈 각오를 하고 주머니에 넣고 다니던 문서와 도장들을 땅에 파묻어 버리고는 도망가지도 않고 원두막 위에 그냥 엎드려 있었다. 그가 덮고 있는 흰색 담요는 밤에 쉽게 눈에 띄었다.

날은 점점 환히 밝아갔다. 참으로 초조했고 아슬아슬한 순간이었다. 14명의 유격대원들은 오랫동안 산막의 안팎을 샅샅이 뒤져도 찾지 못하니 하는 수 없이 먼동이 틀 무렵 도로 철수해갔다. 그들의 가는 길이 바로 정선생이 지금 엎드려 있는 그 원두막 쪽으로 지나는 길이었으면서도 이상하게 한 사람도 원두막 위를 쳐다보지도 않고 그냥 가버렸다. 그중 누구 하나 무심결에라도 얼핏 고개를 쳐다보기만 했어도 흰 담요를 덮고 엎드린 정선생이 곧 눈에 띄었을 것이다. 하나님이 그들의 눈을 가려준 것이리라.

이것은 6.25 동란이 다 지나가고 후에 들은 이야기지만 그날 밤 유격대를 인솔하고 온 분대장은 본래 이현필, 정인세 두 선생을 존경하는 사람이었는데 유격대로 다니면서 명령에 의해서 그날 밤 할 수 없이 산막을 수색했지만 곧 나타나지 않으니 짐작에 분명히 그 근처 어디에 있을 줄 짐작이 가면서도 얼마쯤 수색하다가 안 나오니 "여기는 없는 것

같다. 가자, 후에 다시 오자!" 하면서 빨치산들을 재촉해서 하산했다고
한다.

4) 이현필의 벙어리 수도

어느 날 이현필 선생은 혼자서 화학산 깊은 산골 소반바위 밑에 사
는 한종식씨라는 사람의 집을 찾아갔다. 그는 이선생이 전도하여 믿게
된 분이다. 그 집은 세월이 평안할 시절에도 몇 십리 산중으로 들어가
길도 찾기 어려운 우거진 숲과 새초밭에 있었다. 사람의 그림자라곤 보
기 드문 산중인데 더구나 그 때는 하루에도 몇 번씩이나 여기서 반란군
과 서로 접전이 벌어지는 위험한 골짜기였다. 이선생은 또 무엇 때문인
지 혼자서 그 산중으로 그 집을 찾아가서 일주일이나 묵고 있었다. 주
인은 피난을 가고 없는 빈집이었다.

선생이 위험지대로 들어간 채 소식이 없어 걱정이 된 김준호씨는
소년 하나를 데리고 선생을 찾아 그 집에까지 가서 만나보았다. 이 선
생께 인사와 안부를 묻고 되돌아오려니 이선생은 가지 못하게 했다. 할
수 없이 소년만 돌려보내고 김준호씨는 며칠 동안 그냥 머물러 있었다.
그런데 이상하게도 이선생은 그 집에 오자마자 갑자기 벙어리가 되어
누구를 보고도 일체 말을 하지 않았다. 그리고 일주일 동안 금식을 시
작했다. 밤손님들이 와서 양식을 모조리 걷어가 버렸기 때문에 먹을 것
이라곤 무나 묵은 고구마가 얼마 있을 뿐이었다.

그래도 그 집 주인 한종식씨는 쌀 한 되를 몰래 부엌 속 깊숙이 숨겨두고 갔었다. 금식하면서 벙어리가 된 이선생은 필담(筆談)으로 김준호씨에게 명하기를 "끼니때가 되면 그 숨겨둔 쌀을 한 홉씩 꺼내서 밥을 해 먹으라"고 했다. 김준호씨는 이선생이 시키는 대로만 했다.

무엇 때문에서인지는 몰라도 이선생은 누가 오든지 손짓 발짓으로 벙어리짓만 했다. 의사소통은 필담으로만 했다. 그 이유를 도무지 짐작할 수가 없었으나 어느 날 밤손님이 밀어 닥쳐와 그 집을 샅샅이 뒤졌다. 그들이 방문을 열어 제치니 방 안에는 바싹 여윈 얼굴에 수염이 길게 자란 이선생의 모습이 창문에 가려서 늙은 노인으로만 보였다. 더구나 이선생은 벙어리 손짓만 하고 있는 것이 아닌가.

"어 늙은이로구나, 벙어리여."

그들은 그렇게만 알고 이선생에게 아무 말도 건네지 못하고 양식이나 뭘 요구도 못한 채 가버렸다.

- 〈맨발의 성자〉에서

3. 김준호 선생의 화학산과 소반바위 회고

동광원 유적지 화학산처럼 많은 발자취가 있는 곳이 없습니다. 골짜기, 골짜기마다 피가 어린 곳이고 눈물이 떨어진 곳이에요. 땀이 떨어진 곳이지요. 문바위를 지나서 도구박골, 거기는 집터가 있는데 수레기 어머니가 7, 8년 사셨든가, 여기 동광원에 출가하실 때까지 그 집에 사셨지요. 제일 처음에 이 선생님께서 김금남 자매를 만나시고 출가시키실 때 처녀가 혼자 있을 수 없다고 해서 화순씨 어머니와 묶어서 두 분이 첫 출가했던 막이 거기 있어요. 거기가 동광원의 발상지입니다. 저(김준호)도 고향을 떠나가지고 정착하였을 때 그곳으로 저를 데려다 놓으셨습니다. 방이 하나인지라 식구가 거기 5, 6명 되셨지요. 밥은 얻어먹을 수 있지만 잠잘 곳이 없어요. 잠은 이 사무엘 전도사님 방이 둘이기 때문에 잠은 거기서 자도록 하고 밥은 장로님 댁에서 얻어먹도록 그렇게 해 주셨어요. 근데 거기 문공님 사랑채 어머니 또 서울어머니가 순교 당하신 곳이에요. 방울, 방울 눈물방울, 참으로 핏방울이 떨어지던 곳입니다.

두 어머니께서 새끼줄 잡고 노끈을 잡고 산으로 끌려갈 때에 '우리들의 신이 아직은 성하니까 산사람이 주워 다 신으라고 벗어놓고 갑시다.' '아이구, 그럽시다.' 두 분이 고무신을 나란히 길가 바위에 두시고 걸어올라 가셨다는 거예요. 얼마나 거룩하시고 사랑이 많으신가? 문공님은 두 여자가 사형을 당하러 끌려간다는 말을 들으시고 '나도 예수 믿소.' '네 이놈 빨리 오너라.' '같이 가자.' 그리고 뒤따라 가셔서 장도칼에 가슴이 찔려서 다 돌아가셨다는 소식, 그런데 실제 옛날이야기가 아니고 우리들의 어머니 아버지, 영적인 부모님들이 순교 당하신 골짜기지요.

그런데 40년이 지나서야 이공님 무덤을 저는 첨 가봤어요. 또 6.25 후로 저는 거길 첨 가봤습니다. 가시를 밟고 다니던 길, 그 태산을 넘어 가던 길, 주님 가신 곳이라는 그 노래를 이 선생님이 거기서 지으셨는데 선생님이 왜 그런 글을 지어서 노래를 불렀을까... 직접 화학산을 가보신다면 실감할 수 있어요. 그 느낌.

소재(우치재)로 해서 또 그 깊은 밤중에 현재 살아계신 정원장님 이현필 선생님 유화례 선교사, 깊은 밤중에 앞서고 뒤서고, 잡히면 죽는데 같이 죽어서는 안 되니까 앞사람이 잡혀가면 한사람이라도 살아나기 위해서 멀리 떨어져서 가요. 같이 가지 못하고 띄엄띄엄 가마테라는 마을을 지나서 소재라는 마을을 지나서 큰골이라고 박적골로 들어가시던 그런 발자국, 소반바위에서 떠나가지고 박적골로 들어갔지요. 소리 나지 않게 조용히, 그런데 발자국 소리가 안 나게 걸을 수는 있지만 문제는 개들이죠. 그때는 개를 많이 키우는데 개들이 짖으면 그 길을 지키던 유격대들, 그들이 밤중에 잠들었다가 깨겠지요. 그래서 제일로 걱정이 개가 짖어서 깨나오면 어쩌나 했지요. 그렇게 청년들이 모두 업고서 앞서고 뒤서고 또 어른들이 앞서고 뒤서고 가는데 정 원장님 그냥 몸으로 갈 수 없으니까 검정 홑이불 같은 거 쓰고 가지요. 잘 안보이도록 검정 홑이불을 쓰고 가시는데 개가 나와가지고 자꾸 원장님 뒤를 따라왔답니다. 개들이 홑이불의 냄새를 맡으면서 따라오는데 왠 일인지 짖지를 않았대요. 그때 얼마나 땀이 났으며 얼마나 공포에 떨었겠어요? 나만 잡히면 괜찮지만 선교사가 잡히잖아요? 그 감사한 말씀을 하시데요. 어쩌면 개가 짖지 않는지? 어쩌면 하나님이 개의 입을 막으셔서 냄새만 맡고 졸졸 따라오더라고요.

그런데 가마테라는 마을을 지날 때는 집이 세 채인데 윗집 두 가구 집 사이로 길이 났습니다. 그때는 그 어른들을 붙잡기 위해서 조석으로 15명, 30명, 많으면 어느 때는 백여 명이 이렇게 포위를 하고 잡으려고 다니던 곳이거든요. 전쟁 때의 그 이야기가 남의 이야기가 아니고 우리 이야기이고, 우리 어른들이 지내오신 발자국인데 한 번도 안 가봤단 말이에요. 어떻게 그렇게 깜박했나 생각하니 얼마나 부끄러운지요?

그런데 사진관 어머니, 그분도 남원 소라니골에서 순교당하셨지만 도를 닦으실 때 소반바위에 계셨습니다. 그 상황은 제가 동광원 창설되기 전에, 1년 전에 거기와 계셨던 것을 기억을 더듬어 생각했습니다.

이 선생님께서 고향에 내려와 보니 형님은 중촌 길가에다가 주막을 차려놓고 술을 팔고 계셨습니다. 그걸 보시고 너무 안타까워서 '형님 그 주막을 나한테 파십시오.' '왜 그러는가?' '참 보기가 딱합니다.' 그래서 그 주막을 샀습니다. 해방 후 이듬해지요. 그리고 3년 뒤 여순 반란이 일어나기 전, 한 20개월 전이겠지요. 귀주 어머니가 그때 처음 출가하셨습니다. 모든 가산을 다 정리하시고 팔아버리고 집은 팔지 못

하니까 두시고 점포 어머니께서 집을 지키고 계셨고 점포 어머니와 귀주 어머니 두 분이 사셨던 집이 있었지요. 우리들이 오다가다 들리면 꼭 방이 둘이니까 두 집이 합하시고 방 하나를 빌려주시면 장로님께서나 저 같은 사람이 꼭 그 집에서 자고 다니던 집이에요. 그런데 처음에 옷보따리를 짊어지시고 출가하시던 집이 바로 이 선생님의 형님이 술을 팔던 주막집입니다. 그 주막집을 사 가지고 귀주어머니를 출가하시도록 말씀해서 바야흐로 집을 떠나시고 그 집으로 오신 것을 제가 봤습니다.

그렇게 하시고, 일대 부모 없는 어린 소년 소녀를 처음에 한사람 데려오시고, 일대 부모 없는 소년들을 둘 셋 다섯 여섯 한 일곱 소년들, 고아들을 거기 와있도록 했습니다. 그래서 귀주어머니께서 초대 보모가 되셨습니다. 밤에는 밤손님 이라고 여순 반란 후에는 적어도 한 십 명, 오십 명 그런 많은 구두 발자국 소리, 산에서 초저녁 밤중이 되면 마을로 내려오지요. 왜? 식량을 털러가지요. 어떤 때는 소를 잡아서 끌고 가지요. 쿵쿵 총소리가 나지요. 낮에는 국군이 백 명 삼백 명 오백 명씩 올라오지요. 그들을 잡으려 왔다가 해가지면 다 내려가고 밤이 되면 밤손님, 반란군이 거기 내려와 있었지요. 그 사람들이 소를 끌어가고 양식 털어가요. 밤에는 그들이 소위 말하는 인민군세상, 낮에는 한국세상 그런 곳이지요. 그런데 거기서 우리를 살게 하셨어요.

그때 귀주 어머니가 50대니까 이렇게 어머니들의 몸과 눈물과 사랑을 바쳐서 애기들을 키우는 광경, 또 먹고 사는 것이 말할 수 없이 어려운 생활이지요. 쑥 죽이나 먹고 사는 거지만 또 조석으로 찬송소리가 나지요. 바로 그 집 처마 밑으로 길이 나있어요. 군인들 발자국 소리가 들리고 그 생활 다 알지요. 그렇게 살았으므로 밤손님들이 감화를 받던 곳이고 국군들도 다녀갈 때 함부로 못 했지요. 왜 그랬을까? 밤손님들이 평하기를 우리들은 공산주의자인데 저 사람들은 우리 공산주의 이상 가는 사람들이다. 우리들은 강제로 이렇게 지내지만 저 사람들은 자원해서 남남이 모여 남의 자식을 키워주며 살아간다. 참 우리가 고개가 숙여진다.

이선생님은 전도하기 위해서 거기서 그렇게 사신 거예요. 복음을 전도하기 위해서 총알이 왔다 갔다 하는, 밤에는 국군과 저 밤손님 사이에 막 총알을 놀 때가 있어요. 총알이 마당 앞에 툭툭 떨어집니다. 이거 아직 6.25 동란 전입니다. 6.25가 일어나기 일 년 전 이야기에요. 밤에는 어린아이들을 부엌 바닥 낮은 데, 부엌 바닥에 눕혀놓고 이불을 덮고 거기서 피신을 했어요. 이 선생님이 그걸 목격했어도 다른 곳으로 이사를 하라는 그런 말씀 안 하시고 그냥 거기 살라는 거예요. 왜 그랬을까? 고아들인데 왜 그냥 거기 살라 하셨을까 궁금했어요.

내 나라 내 조국이 불화를 하고 싸우는 중인데 그걸 화목 시키려고 그래요. 복음으로, 예수님의 복음으로 화목 시키기 위해서 그런 거지요. 참, 지금 제가 그렇게 지도할 수 있으려나 모르겠어요. 무서운 곳이면 피신을 시켜야 되는데 생명이 왔다 갔다 하는 곳인데 계획적으로 거기 살라고 우리를 거기에 보냈어요. 그렇게 해서 거기서 신용을 얻었던 골짜기이기 때문에 약 1년 반 후에 동광원이 거기 창설되었고 또 6.25가 일어났기 때문에 동광원 사람 한 100여 명이 유화례 선교사를 모시고 그 집으로 갔지요.

고아원은 원래 술집하던 곳이지요? 화학산 올라가는 문턱이 아니겠습니까? 거기서 하룻밤씩 주무시고 또 올라가시고 쉬시고 그랬지요. 그럼 선생님께선 적어도 한 2년 앞을 내다보시고 하신 것 같아요. 참 투시력이 계셨던지 예언력이 계셨던지 앞을 내다보는 그런 능력이 계신 분이셨다는 그런 생각이 듭니다. 그때는 뜻을 몰랐는데 지금 와서 보면 착 착 착 그 선교사 한분이 피신할 수 있도록 미리서 그 지방에 사랑을 심으시고 신용을 심으시고 사랑을 심어놓고 누구나 해코지 하는 사람 없게 했어요. 너무나 바른 거울을 보였기 때문에 아무도 싫어하지 않았습니다. 그런데 귀주어머니가 보모였고, 부 보모로 한 분이 오셨는데 바로 사진관 어머니라는 분입니다.

사진관 어머니께서 귀주 어머니 밑에 그 공동생활 훈련을 받으러 오신 것입니다. 보조 보모로 애기들 밥해주러 오신 거예요. 조금 있으니까 그 고아들을 둘로 나눠가지고 반쯤을 소반바위에서 살게 했습니다. 화학산 소반바위 아랫집이지요. 고아원도 아니에요. 그냥 고아들이지요. 거기 5-6명 고아들이 있고 또 소반바위라는 곳에 고아들을 4-5명

있도록 하셨어요. 아랫집에서 고아들을 키우는 요령, 보모 노릇하는 것을 배워가지고 견습으로 배워가지고 사진관 어머니께서 이제는 소반바위에 보모로 올라가셨어요. 그렇게 된 것입니다. 아랫집에서 귀주어머니한테 살림을 배워가지고 인제 고아들을 데리고 소반바위라는 곳으로 갔습니다. 거리가 4키로 또는 6키로가 되려는지요. 깊은 산속입니다.

그 소반바위가 결국은 지금 정 원장님 이현필 선생님 유화례 선교사님, 그리고 거기 같이 있던 금남자매, 이 네 분이 소반바위에서 1950년 여름 한 달 동안 숨어계셨지요. 뒤에 알고 보면 전부 그렇게, 미리 미리 한 일 년, 일 년 반전에 소반바위에 준비를 하신 거지요. 미리 고아들이 살 수 있는 터전을 닦으면서 그 지방이나 사람들에게 그들이 살고 있다는 것을 미리 알게 하였습니다. 그렇게 의심을 받지 않도록 터를 닦아놓은 곳이기에 선교사님이 거기에 가서 한달 동안 숨어계신 것이지요.

그러면 아까 이 선생님의 형님이 술집하던 집에서는 결국 사람이 못살게 되어버렸어요. 경찰이 다 소개해서 살지 못하게 해 버렸으니까요. 왜? 거기 와서 밤손님들, 즉 유격대라는 빨치산들이 의지하고 터전으로 살아가기 때문에 민가는 살지 못하도록 경찰에서 전부 소개시킬 때 우리는 방산으로 갔습니다. 청소에서 방산까지 한 3키로 되지요? 십리가 되려는지?

거기는 왜 갔냐하면 귀주어머니의 남동생이 그때 면장입니다. 면장 집을 습격해 가지고 밤손님들이 들락거리고 양식을 털어가고 그래서 살 수 없어 집이 비어있었어요. 그 집이 비어있기 때문에 고아들을 데리고 거리 들어갔습니다. 아주 좋은 기와집이었지요. 거기 가서 우리들이 좀 살았지요. 거기서 예배를 보기 때문에 주일날 사진관 어머니께서 소반바위에서 거기까지 약 2십리 되지요. 예배 보러 오셨습니다. 주일날, 오셔서 예배보고 월요일 날 아침 일찍 소반바위라는 곳으로 올라가시지요. 주일 오전예배를 보고 오후에 올라가시기 전에 사진관 어머니께서 다음과 같은 이야기를 들려주신 걸 제가 들었어요.

사진관 어머니의 소반바위에서 살림살이할 때입니다. 그러니까 1949년 그때가 6월 달입니다. 7월에 가까운 때니까 이 마을에는 보리가 익었어요. 보리타작을 해버렸는데 거기는 추운 곳 아닙니까? 추운 곳이니까 보리가 늦게 익어요. 보리를 얼마쯤 갈아놓은 것이 있지요. 그때 양식이 떨어졌답니다. 한 일주일전 이야기를 하셨어요.

어린아이들과 같이 사는데 마을에서 본대로 처음으로 보리를 따셨답니다. 보리를 딸 때 아침 끓일 양식이 없기 때문에 아침을 먹기 위해서 푸른 보리를 따서 어린 고아들하고 손으로 비벼가지고 먹으려다가 이것을 볶아가지고 가루로 만들어서 먹는 게 좋겠다 싶었대요. 그때는 밥을 먹는 것도 죄로 생각했어요. 쑥 죽 아니면 풀죽을 먹던 시절이죠. 보리를 비벼가지고 먹어버리면 얼마 안 되니까 죽으로 쑤자. 그래서 애기들 하고 비벼가지고 입으로 불어가지고 보리알을 모아 속히 말리려고 솥에 넣고 저으면서 말려서 맷돌에 갈아 가루가 됐지요. 그렇게 죽을 쑤다보니 아침밥이 오후 한시나 두시에 된 거예요. 그런데 그것을 애기들하고 손으로 비벼가지고 했기 때문에 한 홉이 못 되어요. 그래 물을 많이 붓고 쑥을 넣고 죽을 쑀습니다.

사진관 댁 어머니, 당신은 고향 집에서야 부잣집 부인으로서 살았으니 그런 고생은 처음 해보셨답니다. 그래 눈물이 났다는 그 고백이에요. 내가 고향부모 내 집 살림을 다 버리고 온 여자가 그 보리를 따서 볶고 갈아서 죽을 쒀먹을 때 내가 이것을 못 하고 왜 내가 눈물이 나냐? 내가 왜 이렇게 못된 사람이냐? 나는 왜 이렇게 고생 하나를 못 견딜까 부끄럽다고 고백을 했습니다. 나는 요새 그렇게 살림을 하고 있습니다. 이런 자복이에요. 나는 이렇게 고생을 못 이기고 살아가고 있습니다. 이런 고백을 했습니다.

내가 예수님 사랑해서 남편을 버리고 가정을 버리고 자식을 버리고 산중에 들어왔는데 생활이 가난하고 밥해먹기가 힘들다고 마음에서 그 기쁨을 갖지 못하고 '애기들이 물 좀 떠다 줬으면 얼마나 좋을까?' 이렇게 애기들을 의지하고 이렇게 시험을 받고 요새 살고 있습니다. 참 나는 부끄럽습니다.

그런 사연의 이야기를 쭉 하세요. 그래 처음 알았지요. 아, 저분이 옛날에 예배당에 다닐 때 풍금을 치던 분이시고 교회 중견 집사이시고 남편은 군수이시고 그렇게 아주 유복하신 분이었구나. 그런데 지금 생활은 양식이 떨어져 파란 보리를 따서 비벼서 잡수시고 그렇게 살고 계시구나. 지금 이야기는 동광원이 만들어지기 전, 한 일 년 반전 이야기죠. 초창기 이 선생님이 사랑의 운동, 공동체 운동을 하시던 첫 제자들의 이야기지요.

그런데 그런 어른들이 살던 곳이 소반바위, 눈물 떨어지고 또 6.25 때 피란하여 살던 그런 발자국이 있는 곳, 거기는 우리의 영적 고향이며 육체적 고향이지요. 그런데 한 번도 돌보지 않았다니 참 부끄럽다, 그래서 이제라도 돌아보고 그 발자국을 더듬어 찾아가보고 돌봐야 하겠다. 이제라도, 왜 그러냐? 예수님 따라가기 위해서 예수님의 생활을 배우기 위해서 그 예수님을 사랑했기 때문에 출가해서 지내시던 옛날 순교 당하신 분들의 발자국이고 핏자국이니까 우리가 돌봐야 하겠다. 왜? 우리가 유익하기 위해서 그렇다 그거에요.

결론을 말씀드리면 만일 예수 믿으려면 어디선들 못 믿겠습니까? 예배당이 있는데... 그러나 이 선생님을 중심으로 이공님을 중심으로 하는 그 공동체 운동, 모여서 사는 운동. 이렇게 예수를 사랑하는 사람들이 모여서 사는 운동을 그분들이 발견하시고 주춧돌을 놓으신 것 아니겠습니까? 공동체 운동, 이 운동을 하는 데는 분명히 그 역사가 있습니다. 발자국이 있고 **뿌리**가 있습니다. 이제라도 늦지 않으니까 모든 회원한테 식구들한테 그 뿌리를 알리고 또 발자국을 같이 걸어 가보고 현지답사를 해보자.

우리 어른들 세상 떠나시고 백 년 후에 오백 년 후에 천 년 후에는 어디 가서 흔적을 찾아보겠어요? 아, 이 선생님이 거기서 기도하시고 수레기 어머님이 거기서 기도하시고 또 귀주 어머님이 거기서 기도하시고 또 아까 사진관 어머님이 거기서 눈물 흘리시고 또 문공님 사랑채 어머니 서울 어머니 거기서 피 흘리시고 간 그 성지가 여기로구나. 와, 우리의 고향이 여기구나. 그렇게 생각하니 마음이 든든해요.

우리에게 영적 고향이 있다. 그러니까 문바위 도구박골 큰 골 박적골, 오장로님 사셨던 절골, 또 소재, 소재라는 골짜기가 있지요. 우치리 그 일대가 전부 이세종선생님 아니면 이현필 선생님 또 이 선생님 제자들 또 수레기 어머니 그 도를 닦던 골짜기에요. 피를 흘리시고 도를 닦으시고 출가하시고 그 전부 십리 안쪽에 있습니다.

이런 영성운동, 이런 정신 운동이 어디서 발생했냐? 화순군 도암면 화학산 거기서 발생했다. 아브라함의 고향은 유대 땅 아니겠어요? 또 예수님의 고향은 이스라엘 나라가 아니겠어요? 그래 우리가 이스라엘 나라를 찾아가 보잖아요? 그럼 우리 후손들이 돌아보려면 화학산 일대를 돌아보지 않겠어요? 그런 생각이 들어요.

우리의 정인세원장님도 막 YMCA 그만두시고 거기로 출가하셨어요. 한복 하나 지어 입으시고 양복 벗으시고 넥타이 푸시고 머리 깎고 화학산 기슭 거기 가서 할머니 5-6분을 모시고 아들노릇 한다고 와서 계셨어요. 그곳에 그렇게 모두 동광원 초기에 출가하여 예수님의 도를 구하시던 어르신들의 발자국이 있어요. 그래서 우리도 고향이 있는 걸 발견하고 든든해집니다.

-김준호 말씀 중에서-

꾹골 골짜기 마당 바위이현필 선생이 기도하러 다니던 마당바위

4. 동광원과 귀일원의 관계

이현필 선생이 그때 화학산 소반바위 밑에서 벙어리 수도를 하면서 기도 중에 받은 그의 새 운동의 이름은 '귀일원(歸一園)'이었다.

광주에서 유지들의 발기로 고아들을 위한 동광원이 폐쇄된 지 얼마 쯤 지났을 무렵 한번은 Y총무로 있으면서 동광원 고아운동을 하던 정인세 선생이 이 산중을 찾아와 벙어리 도를 닦는 이현필 선생의 산막을 찾았다. 고요한 밤 호롱불 하나 가운데 두고 희미한 불빛 아래 앉아 두 사람은 서로 종이에 필담을 했다. 이선생은 금식기도 중에 가슴에 무슨 지시를 받은 것이 있었던지 종이에다 귀일원(歸一園)이라고 썼다. 그리고 정선생에게 필담으로 권하기를 "곧 나가셔서 광주 역전에서 헤매는 사람들을 데려다 따뜻하게 대접하여 하룻밤씩 재워 보내는 운동을 하시오. 이 운동은 동광원 운동이 아닙니다. 귀일원입니다. 동광원 사람만 말고 누구나 역에 나가 비참하게 보이는 사람들을 보고는 하룻밤씩 재워 보내는 운동입니다. 곧 하십시오. 그리고 반드시 시행하십시오."

산속 외딴 집에서 벙어리 수도를 하면서 그의 가슴 속에는 그때 아기 밴 산모와 같이 무엇을 낳으려고 하는 것이었다. 귀일원에 대한 구상이 그 속에서 싹트고 있었다. "주님의 사랑을 전하자. 사람들을 돕자. 뭇 사람들을 어려움에서 건지자. 땅위에 오갈 데 없는 사람들이 얼마나 많은가? 단 하룻밤도 함께 지내줄 이 없는 완전히 버림받은 사람들을 도와주자. 의지할 것 없는 그들을 구원하자." 이런 하나님의 계시가 그의 가슴에 움트고 있었던 것이다. 그것이 '하룻밤씩 재워 보내는 운동'이었고, 후에 이현필 말년에 일으킨 '일작운동'(一勺運動)의 구상도 여기서 나온 것이다. 일작운동은 이현필이 1964년 세상 떠나던 해 마지막으로 벽제 계명산으로 가면서 그의 제자들에게 마지막 동광원 총회 때 제안한 운동이다. 그것은 모두가 날마다 밥 지을 때 자기 먹을 몫에서 한 숟가락씩 떠서 모으자는 운동이다.

이렇게 실시해서 30명이 밥 한 상이 되고, 300명 3,000명으로 늘어나면 학교도 되고 병원도 되고 비행기도 된다. 그렇게만 되면 한국은 자주 국가가 되고 세계엔 평화가 온다. 누구나 마음만 있으면 할 수 있는 손쉬운 착한 일, 소자에게 물 한잔 떠 주는 일 같은 선행. "일작씩 걷어 귀일원에!" "의지할 데 없는 이를 하룻밤씩 재워 보내자!" 돈으로는 10원 운동. 누구나 돈 쓸 때 10원 덜 쓰고 그것을 모아 불행한 겨레를 재워 보내고 돕자고 했다. 이 운동이 시작되면서 사방에서 많은 양식이 들어왔다. "가난한 겨레를 도와주자. 가난한 사람들을 도와주어야 우리나라가 살게 된다."고 이현필은 호소하였다.

김춘일 원장이 입을 열어 들려준 이야기 한 토막이 있다.

"아마 1957년쯤이었나 봐요. 제가 광주에서 넝마주이 생활을 할 때였습니다. 어느 골목길에서 큰 개 한 마리가 뛰어나와 갑자기 제 다리를 물어버렸어요. 바로 그때 2km 밖에 있었던 이현필 사부님은 저와 같이 놀라셨습니다. 45년이 지난 이 시간에도 그때 그 신비롭고 크신 사랑을 돌이켜 보면서 명상에 잠깁니다. 만물은 내 지체요, 인류와 이웃은 내 몸이라고 하신 사부님. 지금도 그때와 같이 저희들과 함께 기뻐하시고 저희들과 함께 아파하시겠지요. 고통의 깊이에 따라 말씀이 들어오고 내 피(내 죄)를 내 놓아야 예수님의 피(사랑)를 볼 수 있다고 하신 존경하올 스승은 삶으로 믿음으로 모든 고난을 달게 받으셨습니다." 예수를 닮으려 했기에 아픔이 있었고 아픔을 환영하며 살아갔기에 기쁨이 넘쳤던 행복한 참 예수꾼 이현필이 오늘 우리들에게 가르쳐 주는 것은 무엇일까? 그것은 한 마디로 "작게, 낮게, 없는 듯이 살자."는 것이었다. 오늘의 괴로움은 괴로움으로 끝나는 것이 아니라 내일 기쁨의 씨앗이 된다는 것이다. 우리는 모두 광야와 같은 세상을 살아가고 있는 것이다. 광야의 삶은 불편하고 제약을 많이 받고 괴로움이 많은 것이 아닌가. 어차피 광야에 내 던져져 살 바에는 더이상 괴로움을 피하려 하지 말고 오히려 괴로움이 더 하도록 살아봄은 어떨까. 이것이 바로 고통의 신비이리라.

이현필 선생이 화순 화학산에서 6.25 당시 피란생활을 하는 동안에 맘속에 떠오른 기도에 김준호가 곡조를 붙여 '주님 가신 곳'이라는 노래가 되었다. 이 시의 내용이 그때의 그들 고생살이에 가장 어울리는 노래였다.

1. 주님 가신 길이라면 태산 주령 험치 않소.

방울방울 땀방울만 보고 따라가오리다.

(후렴) 오! 주 예수 주님이여 천한 맘에 오시오며

밝히 갈쳐 주옵시길 꿇어 엎드려 비나이다

2. 주님 가신 길이라면 가시밭도 싫지 않소.

방울 방울 핏방울만 보고 따라가오리다.

3. 주님 가신 곳이라면 바다 끝도 멀지 않소.

물결 물결 헤엄쳐서 건너가서 뵈오리다.

4. 주님 가신 곳이라면 하늘 끝도 높지 않소.

믿음 날개 훨훨 쳐서 올라가서 뵈오리다.

그때 그들의 고난의 생활과 그 속에서 우러나오는 감정을 여실히 표현을 해주고 있는 이 노래는 화학산에서부터 부르기 시작한 노래다. 김준호 선생이 곡조를 만들어 나지막한 음성으로 부르는 소리를 곁에서 듣고 이현필 선생도 감동되어 다시 불러 보라고 하여 함께 있던 이들이 연달아 모두 부르기 시작하여 자연히 곡조가 완성되었다. 숲 그늘과 바위 밑에 숨어 살면서 참말로 그때의 고생은 말할 수 없지만 그 고생 중에 모두가 그리스도를 쳐다보는 감격도 형용할 수 없었다.

제4부 • 광주지역 유적지 순례

귀일영성 세미나를 마치고 (2019년)

1. 방림동 밤나무골과 귀일원

* 현재의 귀일원 장소

　이현필 수도공동체가 방림동 밤나무골 부지 100여 평과 가옥 한 채를 김판용 집사로부터 희사받은 것을 계기로 그곳에 터를 잡고 이주하였다. 후일 백춘성 장로가 희사한 자산으로 봉선동 밤나무골까지 확장, 어려운 이웃을 돕는 사회복지사업 귀일원의 본거지가 되어 현재에 이르게 되었는데 이곳에서 매년 수양회를 열어 오산학교 교장을 역임하신 철인 유영모 선생, 서울YMCA 현동완 총무, 광주 최흥종 목사 등을 초빙하여 말씀을 들었다.

　1949년 이현필은 현재의 방림동 밤나무골 부지의 소유자인 김판용 집사로부터 부지의 일부를 기증받자 서울 YMCA 현동완 총무의 후원금과 재산을 기증한 여러 식구들의 후원금으로 조그마한 건물을 짓고 이동하였다. 훗날 이현필은 백춘성을 비롯한 여러 후원자들의 도움으로 이 밤나무골을 매입하고 건너편 이성태씨의 감나무골을 임대하여 많은 식구들이 기거할 수 있도록 생활공간을 마련하였다. 방림동 밤나무골에 터를 잡은 후부터는 고아, 걸인, 환자 등 오갈 데 없는 사람들을 돌보기 시작하였다. 즉 1949년 후반부터 지금까지 이현필과 제자들은 어려운 이웃을 섬기는 사업을 지속하여 왔다. 이곳이 바로 현재 사회복지법인으로 설립된 '귀일원' 장소이며 지금까지 많은 장애인들을 돌보며 오늘에 이르고 있다.

귀일원(동광원) 1971여름 수양회를 마치고-강사 류영모 선생을 중심으로 그 왼쪽
은 정인세 당시 원장 오른쪽은 엄두섭 그리고 그 뒤 어린이가 이덕심 현 귀일원 원장

1945년 해방이 되자 이현필은 광주에서 생활할 수 있도록 여기저
기 생활 터전을 마련하고 제자들을 광주로 오게 하여 생활하면서 동시
에 이곳저곳에서 고아들을 데려와 돌보기 시작하였다. 이현필 제자들
이 돌보던 고아들 가운데 상당수는 곡성의 강인영씨가 데리고 와서 이
현필에게 맡겼던 아이들이었다. 광주에서 고아들을 돌보기 시작한 시
기가 어느 시점이라고 정확하게 말할 수는 없지만 1949년부터 고아들
을 돌보기 시작했다고 할 것이다.

전라남도 지역에서 고아원 사업의 선구자는 목포의 윤치호 전도
사이다. 그는 1928년에 부모를 잃은 고아 7명을 데리고 고아원을 시작

하여 "공생원"을 운영하였으며 1932년에는 일본여성 다우치지즈꼬(한국명 윤학자)와 결혼하고서 500여명이 넘는 고아들을 돌보기 시작하였다. 윤치호는 1949년에 정인세 선생에게 고아원을 운영할 것을 강력하게 요청하였으며, 그렇지 않아도 고아들을 돌보기 시작하였던 이현필과 제자들은 이 사업에 적극 매달리지 않을 수 없었다.

이렇게 해서 정인세는 최흥종 목사, 김천배, 백영흠 목사 그리고 전라남도 도지사, 경찰서장 등 광주와 전남 지역의 유지 70여명을 발기인으로 하여 사회복지시설 "동광원"을 설립하고 정인세가 원장을 맡게 되었다. 그리고 1949년부터 이현필에게 고아들을 데리고 와서 맡긴 곡성의 강인영이 동광원의 총무를 맡았다. 동광원을 시작한 날자는 1950년 1월이며, 강인영씨가 데리고 온 고아들과 광주 시내에서 발생한 고아들을 합쳐서 20여명 가량이었다. 동광원이란 명칭은 동쪽에서 떠오르는 하나님의 빛 가운데 하나님의 자녀들이 모여 사는 에덴동산, 즉 아름다운 공동체라는 의미를 가졌다.

고아시설인 동광원 간판이 처음 걸린 곳은 전라남도 도청 보건과 소유의 양림동 적산가옥이었다. 이 적산가옥은 광주 YMCA가 1949년에 국제위원회로부터 보조금을 받아서 매입한 재산으로서 약 60평의 2층 건물과 100평 가량의 창고로 되어 있었으므로, 광주 YMCA는 본채를 본부 건물로 사용하기 시작하였으며 뒤편에 딸린 창고는 동광원 고아들이 생활하였다.

정인세 선생은 1948년 여름이후 이미 광주YMCA 총무를 사임한 상태였다. 정인세 원장은 첫 번째 부인이 사망하고, 두 번째 부인과 재혼하였으나 재혼한 상태에서 심적으로 매우 힘든 시기에 이현필과 함께 신앙생활하기로 결단하고서 출가하였다.

문제는 이때로부터 시작하였다. 광주YMCA 건물은 본부건물과 동광원으로 구별되어 있었다고 할지라도 고아들이 북적이기 시작함으로써 고아원인지 아니면 회관인지 구별이 가지 않을 정도였다. 이어서 "YMCA 정신이 청년운동인지? 아니면 고아원 운영인지?" 라고 시비를 제기하는 사람들이 많아졌다. 고아들은 20여명이고 이 고아들을 돌보는 보모와 선생들 다시 말하여 이현필을 따르는 제자들이 또한 20-30여명에 이르게 됨으로써 광주 YMCA 황금동 회관은 동광원 사람들이 아무리 조용하게 지낸다 할지라도 어찌할 수 없는 상황이었다.

이렇게 시작한 동광원에 1951년 당시 피란민 수용소에서 고아들을 동광원에 맡김으로써 숫자가 급격히 불어나자 이들을 양림동 회관과 지산동 등 여러 곳에 분산 수용하게 되었다. 그리하여 고아들과 이들을 돌볼 수 있는 보모와 선생들을 동광원 제자들 가운데서 선발하여 여러 지방으로 분산 이동시키지 않을 수 없었다.

첫 번째 거처는 지산동 "수의 축산전문학교" 교사이다. 이 교사는 광주의 부자 지응현(일명 지참봉)씨가 사비를 들여 광주군 극락면 쌍촌리에 세운 응세농도(應世農道)학원이 일제 말엽에 군사시설로 수용되어 문을 닫았다가 지응현씨의 막내 아들인 지계선씨가 아버지의 뜻을 이어받아 지산동에 세운 중학교와 동물의학을 가르치는 "수의 축산전 문학원"이었다.

두 번째 거처는 1949년 말에 건물을 지어 이현필이 제자들과 함께 기거하기 시작한 현재의 귀일원이 있는 방림동 밤나무골이었다.

이 밖에도 물론 처음 동광원 간판을 내 걸었던 YMCA 양림회관이 있다. 여전히 몇 식구들은 양림회관에서 살았으며 또한 몇 사람은 양림회관 뒷동산의 선교사들의 거처에서 살기도 하였다.

1951년 1.4 후퇴라는 큰 술렁임에서 벗어나 안정을 되찾은 이후로 지산동 양림동 및 방림동 밤나무골에서 생활하며 고아사업을 활발하게 펼치기 시작하였다. 이때에 광주로 몰려든 피난민들의 행렬과 그들을 따라 온 수많은 고아들로 인하여 광주시로서도 "피난민 수용소"에서 이들을 한꺼번에 수용할 수 없었다.

이 시기에 강순명 목사는 학동에 "천혜경로원"을 세우고 노인들과 고아들을 받아들이기 시작하였으며, 정순모 목사는 "무등육아원"을 세워서 고아들을 받아들였으며, 충현원에서는 이순이여사가 선교사들의 도움으로 고아들을 돌보았고, 광주시는 피난민 수용소에 있던 고아들을 동광원에 위탁하였다.

이렇게 하여 동광원의 고아들의 숫자는 점점 더 많아지기 시작하였으며 600여명에 이르고 말았다. 이제는 단순히 돌보는 수준이 아니라 운영과 경영의 시기로 접어들었다. 이 부분에서 정인세 원장의 역할이 컸다. 우선 조직을 개편하여 보모와 선생으로 나누었으며, 분산배치 계획을 세웠다.

한국전쟁이 종결되고 1954년 봄에 이르면서 선교사들은 한국으로 돌아오기도 하고, 새로운 젊은 선교사들이 파송 받아 부임하기도 하였다. 그리하여 동광원 식구들은 양림동 선교사촌과 건너편 에비슨 농업실습학교 교사도 비워주고 방림동 밤나무 골과 건너편 감나무 동산으로 몰려들었다. 왜냐하면 지산동 수의축산 전문학교도 더 이상 사용할 수 없게 되었기 때문이었다. 밤나무골에서는 동광원 고아운동과는 별도로 틈틈이 광주역에서 방황하거나 갈 곳이 없는 무의무탁한 장애자들을 데려다가 목욕시키고 밥 먹이고 재워 보내는 운동을 지속적으로 전개하였다.

그러다가 1960년 즈음에 광주 전남대학교 부속병원에서 퇴원한 전신불구 환자를 맞이하였다. 전남대학교 의과대학 부속병원에서 간호사가 동광원을 찾아와서 머지않아 퇴원할 환자 김인옥씨는 가족으로부터도 버림을 받았으며 마땅히 갈 곳이 없으므로 동광원에서 맡아서 병수발을 해 달라고 부탁하였다. 때맞춰 동광원 소식을 들은 병원측에서 환자를 인수하여 보살펴 줄 것을 부탁하였으며 그 때로부터 김은연씨는 자신의 방 옆방에 두고서 보살피기 시작하였다. 이 사건이 결국에는 귀일원 운동의 본격적인 사회복지 사업으로 발전하는 계기가 되었다고 말할 수 있다.

이현필은 1961년 총회 이후 화순 도암면 중촌리에 가서 기거하였다. 이 기간에 이현필은 동광원 운동이 진행되는 과정에서 할 일이 무엇인가를 알기 시작하였다. 그것은 다름 아니라 동광원을 이끌어 갈 인재를 키우는 일이며 동시에 자급자족하는 단체로 성장하는 것이었다.

이현필은 1964년 3월 총회를 마치고 서울로 마지막 떠나기에 앞서서 부르짖었던 "일작운동"과 함께 귀일원 운동은 본격적으로 시작되었다고 말할 수 있다. 이 사업을 본격적으로 실행하기 위하여 정인세는 1965년 2월 24일 귀일원을 설립하였다. 현재 귀일원 법인 산하에 귀일정신요양원, 귀일민들레집, 귀일향기일굼터에 총 150여명의 장애인들과 직원 60여명이 함께 생활하고 있다.

2. 에비슨과 농업실습학교

  * 에비슨이 설립한 농업학교로 이현필선생이 21세 되던 1933년 입교하여 1년 동안 농업기술과 신앙을 배웠던 장소.

미국 선교사 에비슨은 농촌운동의 전문가로서 광주YMCA의 농촌사업을 적극적으로 협력하였다. 특히 1933년 수피아여학교 앞의 백

운동 에비슨의 사저에 광주Y 농업실습학교(Farmers' Practise School)
를 설립하여 농촌지도원을 양성하였다.

광주 양림동의 어비슨 선교사 기념관

교장은 어비슨이 맡고 정인세가 사감으로 수고하였는데, 어비슨
은 이 일을 위하여 자기의 사재를 아낌없이 바쳤다. 그리고 독신전도단
을 설립했던 강순명이 강사로 협력하였다. 농업실습학교가 설립된 배
경을 훗날의 강순명목사가 회상했다.

"시간이 있는 대로 이리 저리 다니며 방황하는 젊은이들을 모
으기 시작했다. 청년들을 모았으나 숙소가 없으니 에비슨의
허락을 받아 에비슨 사택의 우사(牛舍) 곁에 있는 빈 창고를
임시 숙소로 개조하여 사용하였다. 이때 전 독신전도 단원이
었던 문남칠을 이들의 지도자로 정하고 이준묵, 이현필, 고영
로, 김석진, 서화식, 박율룡, 이정옥, 문학영, 이남철, 최요섭,

성왕기, 이성일, 정봉은, 김영환, 조선구 등 20여명이 매일 새
벽에 모여 기도하고 낮에는 에비슨 농장에서 노동하면서 밤
에는 열심히 예배를 드렸다."

강순명선생은 이들을 신앙으로 지도하고 말씀으로 무장시켜 장래
농촌 지도자 겸 교회 중견 인물을 삼고자 한 것이다. 즉 이전에 해체되
었던 독신전도단을 정신적으로 재건코자 한 것이다. 강순명은 박복만
씨를 후일에 광주 기독병원에서 근무하게 하였으며, 이현필은 독신전
도단 단원으로 활동하게 하였다.

이 때가 1932년 중반 혹은 후반으로 생각된다. 이현필과 방안식
(1923년생)/박영식(1929년생) 형제와는 깊은 관계가 있었다. 즉 이들
형제의 어머니 곽신천은 영산포교회의 여전도사로서 이현필을 기독교
로 개종시키는 결정적인 역할을 하였으며, 또한 이현필은 이들 형제의
유년주일학교 교사였다.

방안식은 1947년에 광주 선교부 운전사로 취직하여 어머니와 동
생을 데리고 광주로 왔으며, 구 에비슨 농업실습학교 창고를 개조한 집
에서 살았다. 그리하여 곽신천 전도사와 두 아들은 양림동 선교부 선교
사들과 가까운 관계를 맺으면서 살았다.

해방 후 이현필이 김준호와 함께 에비슨 농업실습학교 강당 한쪽
을 빌어서 생활하던 어느 추운 날이었다. 이현필은 제자 김준호를 불렀

다. 하루종일 탁발과 넝마주이로 피곤한 온몸을 겨우 담요 한 장으로 감쌌으나 찬바람 솔솔 들어오는 건물에서 온몸으로 추위를 이겨내기란 힘든 일이었다. 그러한데 이현필은 김준호에게 물었다.

"오늘 보았던 사람들 가운데 가장 불쌍한 사람들이 누구더냐?"
"양림다리 밑의 거지들입니다"

이 대답이 나오자마자 이현필은 자신이 덮던 이불을 건네주면서 다리 밑의 거지들에게 주고 오라고 하였다. 김준호는 후회막급이었다. 그러나 선생의 말에 순종하여 그 담요를 낮에 보았던 그 다 죽어가는 소년에게 가서 덮어주고 왔다. 그 다음날 낮에 찾아갔더니 그 이불은 거지 세계의 힘 있는 아이들이 차지하고 죽어가는 그 소년은 이웃 빈 집의 벽장에 숨겨져 있었다.

이현필은 이러한 사람이었다. 불쌍한 아이가 눈에 보이면 잠을 이루지 못하였다. 그리하여 고아들을 돌보고 또 돌보면서도 자신은 돌보지 않았다. 제 살을 깎아서 다른 사람에게 보탬을 주지 않으면 잠을 이루지 못하였다. 이렇게 이현필은 고아들을 보살폈으며, 고아들을 차가운 땅바닥에 재울 수 없었으므로 편안한 곳으로 분산시켰다.

해방 후 에비슨의 농업실습학교 자리에는 1955년 선교부에서 호남성경학교를 세웠는데 이것이 발전하여 호남신학대학이 되었고. 그리고 기독교광주방송도 여기에서 시작하였다.

3. 광주 YMCA회관

이현필이 1948년 봄에 남원의 제자들을 광주로 오게 하여 초창기 함께 생활하던 곳이 광주기독청년회관이었다.

1948년 봄에 이현필 제자들이 남원에서 광주에 왔을 때 광주 YMCA 구내에 머물게 되었는데, 이때 이사장인 최흥종 목사, 그리고 총무인 정인세와 신앙적 교제가 이루어져 일생동안 친교를 나누고, YMCA를 중심으로 설교와 생활지도를 하며 여러 계층의 사람들과 사귀게 되었다.

광주YMCA 1946여름수양회

수도공동체 가족과 서리내 성경공부반이 1948년 광주로 이주하여 처음에는 양림동 광주YMCA 소유의 건물과 증심사 골짝 네 채의 가옥에 살면서 양림동 유치원 건물에 '양영원'이란 이름으로 30여 명의 소년 소녀들에게 성경과 교양 공부를 가르쳤다. 원래 '양영원養英院'은 최흥종 목사가 세운 수양단체로서 이현필 선생이 훈련시키던 단체의 이름이다.

광주Y는 일제의 탄압이 심해져서 1938년부터 활동이 정지되었지만 농업실습학교는 계속되었다. 에비슨도 1937년에는 귀국할 수밖에 없었지만 그가 광주Y에 기여한 공은 매우 컸다. 충장로 5가 광주극장 옆에 정미소를 구입하여 첫 회관을 개설할 때 대지 구입비용 4천엔을 에비슨이 부담하였고 건축비로 호남은행에서 3천2백엔을 담보대출 받고 나머지 8백엔은 김후옥이 자비로 찬조하여서 회관과 체육관을 건립하였다.

이때 체육 간사로 정인세가 광주에 오게 되었다. 1932년부터 광주 생활을 시작한 정인세는 에비슨 선교사가 세운 농업실습학교의 사감이 되었다. 그때 그 안에 강순명의 '독신전도단'이 있었고 그 단원의 한 사람인 이현필 선생을 본 것이 처음 만남이었다.

정인세는 1936년 27세 때에 최병준 목사의 큰 딸과 결혼한 후 광주에 정착하면서 덴마크 체조보급, 수피아 여학교 농구부 코치, 그리고 1935년부터는 YMCA 체육부 간사로 활동하였다.

강순명이 평양신학교에 입학함에 따라 1937년에는 정인세가 농업 실습학교의 학감을 맡기도 하였다. 1939년에 에비슨 선교사는 일제의 선교사 축출령에 따라 귀국하고, 정인세는 백영흠과 함께 1938년 옥고를 치른 후 평양신학교에 입학하였으나 1938년에 평양신학교가 신사 참배를 가결한 후 폐교됨으로써 두 사람은 제 갈 길로 가게 되었다.

그 후 정인세는 강원도 산골로 숨고 백영흠은 광주에서 녹스 목사의 조수로 일하다가 예비검속에 체포되어 갖은 고생을 한 후 신학공부를 하기 위하여 1942년 3월 이후 일본 고베로 떠났다. 해방이 되자 정인세는 서울로 나왔다가 길거리에서 주형옥 목사와 서한권 장로를 만나서 다시 광주로 오게 되었다.

광주 YMCA는 1945년 10월에 동명동 서한권 장로의 집에서 첫 재건 모임을 갖고, 회장은 최흥종 목사가 총무는 정인세가 맡았다. 정인세는 광주 YMCA 총무로 있으면서 일본인들이 소유하였던 "적산가옥" 한 채를 인수하여 "고등농민학원"을 시작하였으며 이현필은 이 학원의 사감을 맡아서 학생들의 영적 지도에 앞장섰다. 이 시기가 1946년 봄이라고 말할 수 있다.

이 학원은 어느 시점이라고 말할 수 없지만, 이현필이 방림동에, 즉 최흥종 목사 가족소유의 토지에 "양영원"이란 간판을 걸고 농어촌 자녀들의 교육훈련을 전담하는 기관으로 전환되었다가 또 다시 시점을 알 수 없는 어느 때부터 양림교회 유치원에 간판을 걸었다. 따라서 이현필은 광주 YMCA와 관계를 맺고서 최흥종 목사, 정인세 총무 등과 농촌운동에 적극적으로 참여하고 있었다.

이현필은 1947년 가을부터 1948년 초에 이르기까지 서리내와 갈촌(갈보리)에서 집중 교육을 시켰다. 그리고 자신의 교육을 받은 어린 학생들을 광주로 데리고 가서 더욱 더 큰 꿈을 이루려고 하였다. 그리하여 1948년 2월부터 서리내와 갈밭에 소식을 전하여 광주로 옮겨오도록 하였다. 이러한 이동은 광주 YMCA 건물에서 식구들을 기거케 할 수 있다는 허가를 서울 YMCA의 현동완 총무와 광주 YMCA의 총무 정인세를 통하여 얻었기 때문이었다.

광주 YMCA가 회관으로 사용하는 건물은 최흥종 목사가 사위 강순명 목사에게 맡긴 "축산기술학교" 건물과 부속 기숙사였다. 이 건물은 일제에 의하여 세워진 판잣집으로서 몹시 비좁고 추웠다. 건물 뒤쪽(동남)으로 양림교회 건물이 있고, 앞쪽(서북)으로는 오웬 기념각(Owen Memorial Hall)이 있고, 앞쪽(서남)으로 마주 보이는 건너편에는 숲이 울창한 양림동 선교부가 있고 왼쪽(남쪽)으로는 광주제중원(현 광주 기독병원)이 있고, 방림동으로 향하는 뒤쪽은 원방림이라는 자연부락이 있었다.

광주 양림동으로 이주한 이현필과 그의 제자들은 양림동 YMCA 회관에서 지냈으며 회관사택에서는 여자반이 모여서 생활하기 시작하였다. 즉 남자 청년들은 광주YMCA회관에서, 여자반들은 사택에서,

그리고 소년들은 양영원(養英院)에서 생활하였다. 이 시기에 최소한 남반 20여명과 여반 30여명이 생활하였다.

이현필은 1946년 혹은 1947년 어느 시점에 광주 YMCA에서 적산가옥 한 채를 인수받아 개원한 "고등농민학원"에서 정인세 광주 YMCA 총무의 권유로 사감으로 지내다가, 이 학원이 시내권에 있음으로써 최흥종 목사와 함께 방림동으로 이전하여 최흥종 목사 집안에서 소유하였던 터전에 일종의 "합숙훈련원"을 개원하였으며, 회장은 최흥종 목사가 맡고 총무는 이현필이 맡았다.

이 훈련원은 기독교적 성경교육과 생활교육이 주종을 이루었으며, 낮에는 농사를 지었다. 이 합숙훈련원은 신앙교육, 정신교육, 노동교육으로 이루어졌으며 젊은 청년들을 기르는 목적을 가지고 있었으므로 『양영원(養英院)』이라고 하였다.

이현필은 남원으로부터 남반 제자들을 데리고 오자 이들을 양림회관 건물에 수용하였는데 여반까지 광주에 도착하자, 양림교회에서 사용하지 않고 있던 "유치원" 건물에 양영원이란 간판을 붙이고 거기에 남반(소년)을 기거하게 하였으며, 여반은 YMCA 건물 내에 있는 사택의 방 한 칸에 기거시키다가 곧 사택 전체를 사용하게 하였다. 이 시기에 양영원에서 소년들의 신앙과 교육은 김준호가 맡았다.

오북환장로는 한동안 광주 Y목공부에 있었다. 서리내에서 모진 고생을 하면서 철저한 훈련을 받던 소년 7명과 소녀 7명도 처음으로 광주에 진출하여 YMCA회관과 사택의 방 하나를 얻어 지내게 되었다. 그러나 그때 그들의 생활 형편은 비참했다. 1인당 하루 한 홉도 못되는 식량으로 살아가야 했는데 9작이나 되는 곡식에다 보리, 풀잎, 겨 등을 얻어다 섞어 먹으며 거리에 나가서 걸식 탁발을 했다. 그러나 이렇게 살던 그 시절이야말로 이현필 운동의 역사 중에서 가장 즐거웠고 활기차고 순수한 시절이었다.

광주 YMCA 회관을 빌려서 생활하는 식구들의 삶은 참으로 아름다웠다. 남녀가 서로 존경하면서 순결하고 고상한 모범을 보였으며, 하루 동안의 노동에 시달린 지친 몸에도 불구하고 새벽과 저녁에 예배드리는 모습은 참으로 고상하였다. 말씀중심의 성경해석과 온 마음을 다하여 이현필의 말씀해석에 경청하는 모습은 한 마디도 놓치지 않으려는 마음을 역력히 느낄 수 있었다.

그들의 생활은 누가 보아도 감동적인 생활이었다. 그 소년, 소녀들이 보여주는 순결, 겸손, 순종과 그들이 부르는 고요한 노래 소리에 그당시 Y총무였던 정인세는 그만 그들의 모습과 노랫소리에 감동되어 모든 것을 버리고 이들의 운동에 투신하게 된 계기가 되었다고 한다.

주일날 오전 11시 예배에는 주로 이현필 식구들이 중심으로 예배를 드렸으며, 점심 후 오후 2시에 드리는 예배에는 시내의 여러 교회로부터 참석하는 사람들이 있었다. 이 부분을 김정순은 이렇게 기록한다.

"새벽예배, 주일예배, 저녁예배. 주일오후예배는 각 교회에서도 참여 소문이 나자 식구는 날로 늘어만 갔다. 먼저 정인세원 장님 가족 즉 정신영, 건모, 영숙과 성금심 등 합숙했고, 박금례, 박명순, 하덕례, 동림, 전양선의 4남매, 최영희, 최명순, 삼용씨, 나주댁 등 날로 식구는 늘었다. 박경수 네 3 식구도 봄에 입사했고, 여름 수양회도 열었다. 주로 광주 각 교회에서 참석하였다. 김영규 집사도 그 때부터 왔고, 조사연, 조사은도 그 때 처음 만났다."

한편 1950년 6월 25일 한국전쟁이 발발하자 이현필은 황금동 식구들 가운데 유녀반 5인과 여자반 3인(강남순 김정순 방순녀) 등 총 8명을 남원으로 보냈다. 이어 남원에 북한군이 진입함으로써 갈보리 어머니(강남순), 김정순, 방순녀 등 일행은 유녀5인과 함께 대산면 운교리 남창 어머니 집으로 갔다. 이 때에 남원으로 간 유녀반 5인은 신자, 이정자, 신금자, 정영숙, 이숙자등이었다.

이현필 선생의 전도는 부흥회를 한다거나 전도 강연회나 노방전도를 한다거나 하는 대중 상대의 전도활동 방식을 택하지 않았다. 언제나 이삭 줍듯이 한 사람 한 사람씩을 지목하고 전도했다. 정인세 선생이 광주YMCA 총무로 있을 때 그의 숙소에 찾아온 이현필선생의 모습은 초라했다. 문 밖에 와서 누가 유리창을 똑똑 두드려서 내다보면 이현필 선생이 서 있었는데 그 꼴은 완전히 거지차림이었다. 들어와서는 침착하고 낮은 목소리로 "우리가 이러고 있을 때요? 바로 사는 무슨 일을 좀 해야 하지 않겠소?" 하며 정인세 선생을 설득하곤 했다.

6 · 25 전쟁이 일어나기 바로 전 1949년 여순 반란 사건으로 고아들과 떠도는 사람들이 많아지자 이현필은 탁발 수도를 그만두고 전남 화순군 화학산 청소 마을에서 고아원을 시작하였다. 1950년 1월 광주에서 정인세 선생을 통해 YMCA를 중심으로 동광원(東光園)이란 이름의 고아원이 생기자 이현필과 그의 제자들은 동광원 고아들을 헌신적으로 섬겼고 결국 동광원은 이현필 선생의 운동 단체가 되었다. 그들은 오갈 데 없는 많은 사람들을 하룻밤씩 재워주는 운동을 벌였다. 광주 역전에서 헤매는 사람들을 데려다가 따뜻하게 대접하고 재워 보내는 이 사역은 후에 귀일원(歸一園)의 모체가 되었다. 여순 사건과 전쟁에 휘말린 민족의 역사 현장에는 고아뿐 아니라 과부, 장애인, 무의탁 노인, 나환자, 폐결핵 환자들이 들끓었다. 동광원의 고아 사역이 귀일원으로 통합되면서 처음 10여명을 돌보던 것이 600여명으로 늘어났다. 이현필 선생과 숨어서 수도하는 동광원 지체들에 대해 생각할 때 흔히 기도 밖에는 관심이 없는 것으로 생각하기 쉽지만 그들은 가난한 사람과 사회적 부조리에 대한 걱정으로 밤잠을 이루지 못하는 역사의식이 있는 사람들이었다. 현재 동광원 식구들은 전국에 약 80명 가량이며 남녀 모두 독신 생활하는 공동체 형태로 살고 있다. 주로 전라도에

자리 잡고 있으며 남원에 본원이 있고 분원으로서 진도 분원, 함평 분원, 도암 분원, 광주 귀일원 분원 그리고 경기도 벽제 계명산 분원이 있다.   말년에 이현필은 말 한마디도 못할 만큼 후두 결핵 때문에 무척 고생했다. 그는 자기 건강이 오래 못갈 줄 알고 모든 것을 버리고 어디 가서 혼자 죽고 싶었다. 그래서 서울로 가기로 작정하고 기차를 타고 그의 제자 셋째(한영우 집사)가 넝마주이하면서 살고 있는 신촌 거지 굴까지 업혀서 갔다. 그는 묘지에서 주어 온 칠성판을 깔고 누웠다. 밤이 되어 기온이 내려가면서 그는 죽은 사람처럼 핏기가 없어졌고, 그 자신도 운명의 시간을 기다리는 듯 하였다. 날이 새자 죽음을 넘긴 그는 필담으로 실로 놀라운 고백을 하였다. "저는 그동안 잘못 믿어온 점을 고백합니다. 제게 있어선 선행이 귀한 것이 아니라 예수님의 보혈이 귀할 뿐입니다. 제가 오늘 이대로 죽으면 저는 천국에서 예수님께 역적 같은 놈이 되리라고 느낍니다. 그동안 저는 저를 따르는 이들을 온통 철저한 율법주의자들로 만들어 버렸습니다. 저는 위선자입니다. 저도 그리스도의 보혈을 의지하여 구원 얻은 사람이지 선행이나 금욕, 고행으로 구원을 얻으려는 사람이 아닙니다. 저는 앞으로 주의 보혈을 의지하는 신앙으로만 나갈 것입니다."그리고 무슨 고기든지 좋으니 먹을 고기를 사오라고 부탁했다. 셋째는 굴비 한 마리를 사서 동냥 다닐 때 쓰는 때 묻은 깡통에 물을 붓고 끓여 가져왔다. 이현필은 그 국물을 자기 입에 떠 넣어 달라고 말했다. 셋째는 시키는 대로 했다. 조기 국물은 후두 결핵으로 말을 못 하는 이현필의 목으로 넘어갔다. 그동안 한 번도 육식 아니 커피 한잔 마시지 않던 그가 고깃국을 마신 것이다. 그때가 바로 1955년 가을이었다. 이것이 유명한 파계이다. 그런데 기적적인 일이 일어났다. 일주일도 못 버틴다는 후두의 병이 깨끗이 나은 것이다. 훗날 그는 이때의 심중을 이렇게 기록하였다. "내가 저지른 파계 사실이 세상에 알려져 그동안 나의 금욕, 고행의 모습 때문에 따르던 사람들이 격분하여 나를 위선자라 몰아붙이며 몽둥이로 때리고 동광원에서 쫓아내도 할 수 없다는 각오로 고기를 먹었습니다." 물론 이현필의 신앙은 예수 그리스도를 구주로 믿고 보혈을 의지하는 신앙임에는 틀림이 없었다. 그러나 세상사람 보기에 그는 금욕주의자 같았고 철저한 율법주의자처럼 보였다. 더욱이 곁에서 지켜본 제자들에게 비춰진 인상이 하나님의 은총이나 그리스도의 보혈보다 철저한 절제를 통해 자기완성을 추구하는 사람으로 오해될 것을 염려하여 의도적으로 파계를 했던 것이다.

4. 광주 제중원 (기독병원)

*이현필 선생이 1956년 가을에 입원하여 카딩톤 원장과 인연을 맺고 활동하던 장소.

이현필 선생이 결핵환자를 간호하다 자신도 폐병에 걸렸으나 시련을 주신 주님께 감사하며, 투병 생활 중 병세가 악화되어 1956년 제중병원에 입원하였다. 입원 중 원장 고허번 선교사의 정성어린 치료를 받으며 두 사람 사이에 영적 교제가 깊어지게 된다. 그래서 이현필 공동체 가족이 제중병원 간호보조원, 미화부, 매점 운영 등을 10여년을 봉사로 협력하였다. 이 선생은 병원에 누워있으면서도 동광원 가족들이 예배와 기도의 영적 수도와 전도 및 구제사업에 힘쓰도록 독려하였다.

그 당시 제중병원에서는 동광원 사람이라면 무조건 신임했다. 동광원 사람들이 정직하고 성실하며 책임감을 갖추고 희생적이었기 때문이다. 이현필 제자들이 자원봉사 차원에서 제중병원과 인연을 맺었는데 나중에는 제중병원의 요청으로 간호보조원과 미화부와 세탁부는 물론 매점 운영까지 맡았으며 일부는 1972년까지 일을 했다. 당시 복은순, 이맹순, 나숙자, 이오순, 남애주 등은 간호조무사로서 10년 이상 정식 직원으로 근무하였으며, 김금남, 박금님, 최정희, 정혜신, 홍효순, 최영희, 방순녀 등은 1년 정도의 봉사와 기본 간호교육을 받았다.

이현필과 동광원은 1954년 여름에 두 가지 것을 크게 잃었다. 첫째는 동광원의 폐쇄명령이고 둘째는 노회로부터 동광원의 후원자인 두 선교사의 선교활동을 금지하는 결정이었다. 1953년 대한예수교장로회가 예장측과 기장측으로 분열된 이후 예장측 전남노회는 1954년 8월 26일 광주중앙교회에서 열린 제49 전남노회에서 유화례(Florence E. Root)선교사와 김아열(Bruce A. Cummings) 두 분 선교사의 선교활동을 중단시키라는 건의서를 접수받았다.

　동광원은 특히 1954년 여름이후로 방림동 밤나무골에서 극심한 가난과 어려움을 겪으면서 생활하였다. 그러나 이때로부터 오히려 동광원 정신이 빛나기 시작했다고 볼 수 있는데, 이때 동광원을 지원할 수 있는 한 인물이 나타났다. 바로 광주 기독병원 원장으로 부임한 카딩톤(Herbert A. Codington: 고허번) 선교사이다. 카딩톤은 1948년 한국에 선교사로 나와서 목포에서 근무하다가 한국전쟁으로 일본으로 피신하였으며, 1954년 광주 기독병원 원장으로 부임하였다.

　이현필은 1956년 서울에서 파계를 선언한 후에 광주로 내려와서 기독병원에 입원하여 치료를 받았는데 이를 계기로 카딩톤 선교사는 이현필 운동에 협력하게 되었다. 제자들을 살리기 위하여 파계를 선언하고 광주 밤나무골로 돌아온 이현필의 몰골은 형편이 없었다.

　이현필 소식을 들은 최흥종은 카딩톤 선교사의 차(랜드로바)를 빌려서 밤나무골로 찾아갔다. 광주 기독병원에서 카딩톤 부인이 운전하여 방림동 밤나무 길로 따라가는데 길가에 말리려고 벌려놓은 나락들을 최흥종 목사가 친히 치우고 길을 만들면서 밤나무 동산에 도착하였다. 이때에 동행하였던 사람들에 의하면 이현필의 초췌한 모습을 본 최흥종 목사가 눈물을 흘리면서 "내 아들아! 내 아들아!" 하고 품에 안아 이현필을 차에 싣고 기독병원에 입원시켰다고 한다. 이 부분에서 김준호는 이렇게 상기한다.

"스승 이현필이 저(김준호)와 함께 입원하지 않으면 입원하지 않겠다고 거부함으로써 광주기독병원 측은 특실을 찾아보았으나 특실은 침대가 하나밖에 없었다. 그리하여 기독병원측은 갑작스럽게 남자 두 사람의 입원실을 마련하기 위하여 여자 간호사 기숙사의 방 하나를 내서 남자 두 사람이 기거할 수 있도록 급히 개조하였다."

김준호는 결핵균이 오른손에 기식하면서 손등으로 고름이 흘러나왔으며 이미 손을 사용할 수 없게 되었다. 제자의 이런 모습과 아픔을 보고 이현필은 더욱 가슴이 쓰렸다. 제자를 입원시키는 일이 무엇보다 우선이라 생각했다. 그래서 두 사람을 함께 입원시켜 주지 않으면 자신도 입원을 거부한다고 버텼다. 이를 알아챈 최흥종 목사는 "두 사람은 이신동체이니 둘 다 함께 입원시키도록 해야지 그렇지 않고서는 절대 혼자 입원하지 않을 것입니다"라고 카딩톤 원장을 설득시켰다.

카딩톤은 간호사의 숙소를 개조하여 두 사람이 함께 입원할 수 있는 특등실을 마련하였다. 이현필은 병원에 억지로 입원하여 약도 먹지 않고 퇴원을 고집하면서 버티다가 퇴원하였고 제자 김준호는 6개월 입원한 후 퇴원하였다. 이현필은 퇴원 후 동광원 식구들에게 이렇게 말하였다.

"나는 고기 먹고 약을 썼으나 그러나 나는 고기 안 먹고 약을 쓰지 않는 사람들을 존경한다. 그런 분들의 그런 신앙도 존경한다. 그러나 구원 얻는 것은 그런 것으로 되는 것은 아니다. 구원은 다만 예수 그리스도의 보혈로만 얻는다. 약도 안 먹고 살생도 않는 사람들도 자기 방식대로 그대로 안 먹어 좋으나 먹는 사람도 안 먹는 사람도 서로 남의 인격과 신앙을 존경하라."

얼마간의 치료로 병이 다 나은 것처럼 보였다. 겉으로는 병이 나은 것 같았지만 속으로는 그렇지 않았으므로 병원에서는 퇴원을 만류하였지만 이현필은 퇴원을 고집하였다. 이현필은 퇴원 후에는 약도 먹지 않았고, 주사치료도 거절하였다.

이현필은 병원에 입원해 있는 동안에 무슨 일을 하였는가? 당시 광주 기독병원은 병상이 65개 밖에 없었으므로 장기 입원을 요하는 결핵 환자들에게 6개월 입원 서약서를 받고서 입원시키곤 하였다. 그리고 5개월 째 되는 날에는 안내장을 보내서 퇴원을 준비시키곤 하였다. 어느 날 카딩톤 원장이 회진하는데 퇴원 한 달을 앞둔 반공포로 출신 환자 오인환씨가 카딩톤 원장의 목에 칼을 들이 대고서 "너 죽고 나 죽자"라고 협박하였다. 사연은 간단하였다. 그 환자는 퇴원하더라도 고향도 없고, 오고 갈 데 없는 몸이므로 오히려 병원에서 죽는 편이 낫다고 울먹이면서 칼을 내려놓았다.

이 사실을 목격한 이현필은 동료들과 환자들을 돌볼 수 있는 요우회(療友會)를 결성하고서 요우회에서 병원의 매점을 운영하여 그 이익금을 집 없는 환우들에게 돌려주자고 하였다. 그리고 이현필은 또한 식구들에게 자원봉사로 간호를 보조하는 일과 병원 청소를 담당하는 등 간호부와 미화부 일을 돕도록 하였다. 이현필과 그 식구들의 헌신과 책임감 그리고 근면 성실한 생활은 누가 보아도 모범적이었다. 병원 업무를 비롯하여 모든 시설과 비품이 새롭게 정돈 되고 화장실 병실 등 구석구석 청결하지 않은 곳이 없이 반짝반짝 빛나게 되었다. 감화를 받은 카딩톤 원장은 무의촌 봉사나 기타 활동을 위해 늘 이현필과 의논하였고 병원직원들도 모두 동광원 사람들이라 하면 일체를 믿고 의지하였다.

바로 이 무렵에 광주 기독병원 결핵병동에 입원한 사람들이 많이 있었다. 그 가운데 한 사람이 박창규 전도사이다. 박창규는 광주 성서학관을 졸업하고 담양 성산교회 전도사로 재직하다가 결핵이 발병하여 광주 기독병원에 입원하였으며, 그 당시 병원에는 원목이 없었으므로 카딩톤 원장의 허락을 받아 박창규가 병원 원목전도사로 활동하였다. 카딩톤은 박창규 전도사를 데리고 주일날이면 확장주일학교를 다니면서 예배를 드리기도 하였다.

그런데 위에서 언급한 대로 퇴원명령을 받은 오갈 데 없는 사람들,

특히 반공포로 환자 등은 보낼 데가 없었다. 그리하여 박창규 전도사는 이들을 위한 안식처를 마련하기 위하여 밤중에 비밀리에 병원을 빠져나와 동광원의 정인세선생을 찾아가서 강제 퇴원환자들을 받아달라고 요청했다. 박창규전도사와 정인세 원장은 일찍부터 사제관계였다. 즉 박창규 전도사가 숭일중학교 시절에 정인세 원장이 역사 선생님으로 계셨기 때문이었다.

이렇게 기독병원에게 강제로 퇴원해야만 하는 오갈 데 없는 환자들의 딱한 사정을 알게 된 이현필과 정인세는 오갈 곳 없는 딱한 환자 5-6명을 방림동 밤나무골 동광원으로 데리고 와서 돌보았다. 그리고 이현필은 이런 환자들을 위해 장차 화순 등광리에 집을 짓고 옮겨갈 것으로 계획하였다.

이 시기가 1957년 봄으로부터 여름 사이였다. 그러다가 1957년 8월 동광원 수양회에 현동완 선생과 유영모선생이 강사로 참석했을 때 이런 형편과 사정을 알리고 향후의 계획도 알렸다. 현동완선생은 동광원 집회를 인도한 후 상경하여 당시 국회의장인 이기붕을 만나 이현필과 동광원, 그리고 결핵환자들의 딱한 사정을 설명하고 도움을 요청하여 그 자리에서 300백만원의 후원금을 지원 받았다.

그 후 현동완의 연락을 받고 정인세가 상경하여 이기붕씨가 후원한 수표를 받아 옷 앞섶에 바느질로 포장하여 안심하고 광주로 가지고 오다가 이리(익산) 역에서 소매치기 당한 것을 알아차렸다. 소매치기단도 수표가 너무 큰 액수였기 때문에 그 수표를 이리 역 대합실에 버렸으며 사람들은 이를 밟고 지나갔다. 정인세 원장은 경찰에 신고하여 그 수표를 찾았는데 소매치기로 훔쳐간 자도 그 액수가 너무 큰데 놀라서 역 대합실에 버렸다고 한다.

이현필선생과 정인세원장은 화순 등광리에 집을 짓고 환자들을 수용하려던 계획을 변경하여 후원받은 돈으로 우선 산수동(꼬두메) 최씨 소유의 빈 기와집 별장을 60만원에 임대하기로 하였다. 그리하여 이미 방림동 동광원에 수용하여 돌보던 5-6명을 포함 기독병원의 환자들까지 1차로 12명을 수용하게 되었다. 이 때에 카딩톤의 목에다 칼을 들이댔던 오덕환(북한군 중위 출신)도 함께 갔으나 그는 2년쯤 지나서 결국 결핵으로 죽고 말았다.

이렇게 1958년에 송등원이 설립되었는데 최흥종목사를 이사장으로 추대하고 이현필의 지시에 따라 정인세 원장이 운영과 관리를 책임지게 되었다. 이세종선생의 고향 등광리(燈光里)에서 등자를 따오고 이기붕 의장의 호인 만송(晩松)에서 송자를 따다가 송등원(松燈園)이라 이름하였다 한다. 이사로는 카딩톤 선교사, 박두옥 장로, 정인세...등이었다. 이렇게 하여 송등원의 처음 총무는 박창규 전도사가 맡았으며, 김준호 선생도 함께 사역하였다. 이현필의 지시에 따라 동광원의 김은자, 김천자 등의 제자들 그리고 많은 후원자들이 따라가기 시작하였다. 또한 강제 퇴원 결핵환자들의 숫자가 늘어남에 따라 동광원에서 지원

하는 숫자도 점점 많아졌고 2차로 현재의 무등파크 아래편인 산수동 골짜기에 땅 200여평을 매입하여 집을 짓고 30여명을 수용하였다.

5. 신안동 재뫼교회(광주신안교회)

* 이현필과 정인세가 목회자로 활동하며 식구들이 함께 신앙생활 했던 교회로 백춘성 장로와 김준 교수 두 분의 협력자를 얻음.

서서평 선교사는 당시 금정교회(현 광주제일교회)에 출석하면서 최흥종과 함께 광주 북문밖교회(현 광주중앙교회)가 1925년부터 개척 중인 재매지역의 기도처에도 가끔씩 가서 복음을 전하기도 하였다.

신안교회는 1925년 광주 중앙교회의 "확장주일학교" 선교단이 신안동 재매부락의 동각을 빌려서 주일 오후에 어린이 주일학교를 시작한 것이 계기가 되어 교회로 발전하였다. 이 당시에 열성이었던 10여명의 학생들은 백춘성, 박윤보, 강두팔, 등이었으며, 이들을 지도하는 교사는 최흥종 목사의 둘째 사위인 김창호 전도사, 조은례 등이었다.

이 당시가 신안교회의 초기 부흥시대로서 정정촌(백춘성 장로의 모친)씨도 이 때부터 신앙생활을 시작하였다. 이 당시의 교세는 성인 교인 10여명, 청년 교인 10여명, 그리고 주일학교 학생 20여명이었다. 이러한 상황에서 최흥종 목사의 둘째 사위 김창호 전도사가 1929년부터 1931년까지 담임 교역자로 사역하다가 1931년에 영산포로 떠났다.

재매교회 교인들은 1932년도에 부지 300여평에 초가 2채가 딸린 부동산을 구입하여 예배처소로 사용하기 시작하였다. 초가 한 채는 가운데 벽을 헐어내서 예배드리는 공간으로 사용하고, 다른 한 채는 목회자 사택으로 사용하였다. 이렇게 교회 자체 건물을 갖게 된 신안교회는 야학을 실시하였다.

김창호 전도사 이후 광주 중앙교회 정순모 목사가 비거주 겸임 담임목사로 시무하다가 1933년에 제주도 금성교회로 떠남으로써 담임목회자가 빈 상태에 있었다. 그리하여 파송하였던 사람이 바로 이현필 전도사였다. 이 부분은 『신안교회 발자취』는 이렇게 말한다.

"양해영 전도사가 2년 동안 시무한 후 사임하게 되어 김봉이, 안보연 두 성도들이 서서평 선교사에게 교역자 파송을 간청하자 1934년 그가 신임했던 이현필 전도사를 보내주었다."

1925년 광주 중앙교회 확장주일학교의 하나로 시작한 재매교회(현 신안교회)는 세핑(서서평) 선교사의 도움이 컸다. 초기 교인인 정정촌 권사는 어느 날 딸을 잃고 시름에 젖어 있을 때에 예수를 믿으면 딸을 만날 수 있다는 세핑 선교사의 말을 듣고 교회생활을 시작하였다. 정정촌 권사와 그녀의 아들 백춘성은 1932부터 최흥종 목사의 둘째 사위 김창호 전도사 그리고 이어서 1934년부터 이현필 전도사 등으로 이어지는 교역자를 통하여 기독교의 참 신앙을 깨달았다.

백춘성은 일제 말엽에 만주에서 많은 재산을 축적하여 귀향한 후 건설업에 종사하였다. 그는 많은 재산을 모은 후 1950년 국회의원 선거에서 낙방하고, 한국전쟁 기간 중 제주도에 피신하였으나, 곧바로 광주로 돌아와 신안교회 재건에 앞장섰다. 1951년 11월 9일에 장로임직을 받았다. 그리고 이어서 어머니의 회갑을 맞이하였다.

이미 언급하였듯이 광주에 많은 피난민들, 고아들, 걸인들이 몰려들었는데, 백춘성 장로와 어머니 정정촌 권사는 이들 불쌍한 사람들을 돌보고 있는 동광원에 답 1,400평, 전 1,000평, 대지 100평, 임야 3정보, 가옥 1채, 가재도구 그리고 농사지은 것 일체를 헌납하고, 회갑잔치는 지역의 걸인들을 초청하여 "걸인잔치"로 대체하였다. 이러한 모습을 지켜 본 이현필은 백춘성 장로에게 "3년 내에 큰 부자가 될 것이다"라고 축복하였는데 실제로 그렇게 되었다. 백춘성 장로는 광주시내 황금동에 광주에서는 최초로 5층 건물 "한공빌딩"을 신축하였다.

이미 알려진 바와 같이, 대한예수교장로회는 1953년에 대한예수교장로회와 한국기독교장로회로 양분되었다. 이러한 교회의 모습에 낙심한 백춘성 장로는 신안교회의 "중립"을 선포하고 노회로부터 탈퇴한 후 1955년 6월부터 동광원의 정인세 원장을 목회자로 초청하였다.

물론 동광원 식구들은 백춘성 장로가 기증한 집에서 살기 시작하였으나 정인세 원장이 목회자로 재직하면서부터 이현필, 오복희 전도사, 김준호, 신진호, 박양덕, 남애주 등 10여명이 신안교회의 각 부서에서 활동하기 시작하였다. 뿐만 아니라 오북환 장로는 한공빌딩에 목공소를 차린 후 한쪽 켠에 방을 만들어 동광원 식구들이 기거할 수 있도록 배려하였다. 정인세 원장이 1959년 2월에 서울 행화정 교회 목회자로 떠난 후 이현필, 오복희 전도사가 1959년 11월까지 신안교회를 돌보았다.

1955년 6월부터 1959년 11월에 이르기까지 4년 6개월 동안 동광원 식구들이 신안교회에서 목회하는 동안에 신안교회는 어떠한 변화가 있었는가?

첫째는 목회자에게 사례를 드리지 않았다. 정인세 원장은 백춘성 장로가 기증한 신안동의 집에 동광원의 유녀반이 기거하게 하였다. 이들을 데리고 온 보모는 남애주, 박양덕 씨였으며, 신안교회는 목회자에게 드릴 사례비를 유년반 부양으로 대체하였다.

둘째는 이 당시만 하더라도 교회에는 남녀가 각각 나누어 앉았는데, 신안교회는 남녀의 구별을 더욱 엄격하게 하였다. 그리하여 주일학교 운영에서도 오전에 남학생을, 오후에는 여학생반으로 나누어 실시하였다.

셋째는 이 당시 교회에서 관행적으로 실시하던 헌금채를 통한 헌금수금이 아니라, 예배당 입구에 헌금함을 설치하여 자발적으로 헌금하도록 유도하였다.

넷째는 당회를 폐지하고 교회의 제반 업무는 지도자급에 속한 사람들의 합의에 의하여 결정되었으며 온 교회는 묵묵히 따름으로써 초대교회 유형의 공동체를 회복하려 하였다.

다섯째 정인세 원장의 목회 기간에 동광원 소속의 오복희 여전도사가 여 교우들의 영적인 어머니로 활동하였다. 이것은 동광원의 순결사상을 그대로 실천하여 남자 목회자가 여자 교우들을 개별적으로 만날 수 없었으므로, 여성 교우들의 지도는 여교역자가 전담해야 했다.

* 김준원장(1926-2012)

김준원장은 1943년에 이리농고를 졸업하고 1949년에 서울대학교 농과대학을 졸업한 후 1951년부터 전남대학교 농과대학에서 교수로 재직하였다. 김준 교수는 기성 조직교회 유형의 신앙에 회의를 품고 있었던 터이라, 이 당시 광주에서 시작한 동광원 운동과 이현필 선생의 신앙노선에 공감하고 있었다. 따라서 1955년부터 정인세 원장이 설교자로 있던 신안교회에 김준교수가 참석하게 되었던 것이다.

김준 원장은 농과대학 재직시에 일단의 기독교인 학생들이 찾아와 〈밀알회〉란 동아리를 구성하고 지도교수로 지도해 줄 것을 부탁받았다. 그 자리에서 김준 교수는 "너희들이 참으로 밀알이 되려 한다면 농대 화장실 인분을 다 퍼서 농대 실습 농지에 거름하라"고 하였다. 이 시험성 지시에 응한 학생이 7-8명 되었으며, 이들이 만든 단체가 현재는 전국적인 규모를 가진 〈밀알회〉가 되었다.

김준 교수는 동광원 지도자들이 신안교회를 맡았던 시기에 전남대학교 농대 교수직을 사임하고 광주시 방림동 밤나무골 동광원에 들어와 생활하다가 함평군 대동면에 있는 동광원 분원으로 내려가 고아들을 돌보고, 유기농 농사를 지으면서 생활하였다. 그러한 사이에 5.16 군사혁명이 일어나고 박정희 대통령이 농촌부흥을 위하여 김보현 장관에게 농촌을 실질적으로 부흥시킬 수 있는 지도자들을 찾아보라고 지시하였다. 김보현 장관은 서울대학교 농과대학 유달영 교수에게 이를 의뢰하였으며, 유달영 교수는 김준 교수와 신귀남 교수를 천거하였다. 초청을 받은 김준 원장은 앞서서 방에 들어간 지도자들의 신발을 나란히 정리한 다음에 입실하였다. 이러한 생활태도는 이현필과 동광원에서는 당연한 일상이었다. 이것이 계기가 되어서 새마을운동본부 연수원 원장을 맡아 새마을 운동의 정신적 지도자로서 한국의 농촌과 사회를 크게 부흥시켰다.

그가 부르짖었던 정신은 "근면, 자조, 협동" 이었다. 이 세 가지 정신은 결국 동광원에서 가르치는 기독교 정신이었던 것이다. 따라서 김준 원장을 통하여 동광원의 기독교 정신이 1960-1970년대에 이르는 새마을운동이라는 외적인 운동으로 구현되었다고 할 수 있다.

6. 양림 광주천변

*이현필과 동광원 식구들이 움막치고 기거하며 수양생활을 하고 걸인들을 돌보던 장소

동광원에서는 어린 고아들을 동광원 제자들이 떠맡아 각 분원으로 분산하기 전인 1953년부터 성인 제자들은 거적대기 몇 장과 나무 막대기를 이용하여 양림교와 부동교에 이르는 광주천변 고수부지에 움막을 짓기 시작하였다. 양림교와 부동교 다리밑은 오래 전부터 걸인들의 집단 합숙소였다. 바로 그 다리 밑에서 1908년에 월슨은 다리가 없는 한 소년을 발견하여 인공다리를 만들어 주었으며, 1920년대 말 세핑 선교사는 오복희 전도사를 통하여 덮던 이불을 전해주었으며, 해방 전후에도 부동교 다리 밑은 집 없는 걸인들과 나환자들의 안식처였다.

이곳에서 이현필의 제자들은 스승의 가르침에 따라 새벽기도를 드리고, 조용하게 찬송하고, 일사분란하게 청결한 생활을 유지하였다. 겉모습이야 걸인이었지만 속으로는 뜨거운 열정이 끓어올랐다. 말씀에 대한 뜨거운 열정, 국가를 위한 뜨거운 기도, 헐벗은 동포들을 향한 뜨거운 사랑, 이것은 동광원 식구들이 양림 천변에서 느꼈던 것이었다. 그리하여 지금도 그 시절을 그리워하기도 한다. 광주천변에 김영규반 김정순반 박공순반 등이 생활하다가 1954년 봄에 모두 남원으로 이동하였다고 함(김정순 회고)

7. 수피아 여고

* 정인세원장과 유화례선교사가 근무했던 곳으로 이현필선생이 자주 찾아가
  정인세 원장을 만나 설득했던 장소

수피아 여고의 일본인 교사와 그와 가까운 한국인 교사 3명이 학생들을 선동하여 당시 교장이었던 루트(Florence E. Root: 유화례) 선교사에게 폐교조치를 내리지 못하도록 연좌데모를 벌이고 있었다. 이들의 폐교반대에 분노를 느낀 광주 양림동의 청년들은 이들 3명의 선생을 양림교회 선신애 기념각으로 불러서 약간의 위협을 가하였다. 이들 3명의 교사는 경찰에 신고하였으며 위협을 가하였던 14명은 경찰서에 수감되어 갖은 2달 동안의 옥고를 치른 후 벌금을 내고서 풀려났는데 14명의 명단은 다음과 같다.

백영흠, 강태국, 최기영, 문안식, 문천식, 김천배, 이현수, 정인세, 조일환, 김현승, 김현애, 조아라, 한성장, 이종필

선교사 오원 기념각

백영흠 목사는 1938년 수피아 사건으로 감옥에서 풀려난 후 이현필을 처제와 결혼시키고, 1939년 여름에 만주로 갔다가 1년 쯤 지나서 한국으로 돌아왔는데 1940년 9월에 그만 경찰에 체포되었다. 이 때에 오북환, 오동옥, 정인세, 조용택 등과 함께 체포되어 백영흠은 수감 생활하는 동안에 결핵을 얻어서 1941년 여름에 풀려났다. 제반 상황으로 볼 때에 오북환 장로도 이 시기에 풀려난 것으로 보인다. 따라서 오북환 장로의 석방도 백영흠 목사와 동일한 결핵 감염이었던 것으로 볼 수 있다.

1935년으로부터 1938년에 이르는 사이에 한국 기독교인들이 다 같이 직면한 문제는 신사참배라는 국가적 명제였다. 이를 순수하게 따르는 사람이 대다수였지만, 소수의 사람들은 이를 거부하였다. 거부하는 방법은 직접적으로 거부함으로써 체포-수감-순교 혹은 복역의 길을 가는 사람이 있었고, 또 다른 방법은 일제의 강압이 미치지 않는 해외로 떠나거나 깊은 산속으로 은거하는 방법이 있었다. 형 오북환과 동생 오동옥 다 같이 수감되었으나 형은 5개월 만에 풀려난 후 남원으로 은거하는 방법을 택하였으며, 동생은 1년 반이 지나서 풀려났다. 오북환은 목수이기 때문에 남원에는 지리산에서 나오는 좋은 나무가 있어서 그곳으로 간다고 핑계를 삼았지만, 실은 남원으로 간 것은 신사참배를 피해서 은거하는 태도였다.

1945년 9월부터 미군정청 통치로 인하여 양림동 선교부에는 미군

장교들이 생활하고, 수피아 여학교 건물들을 미군 사병들이 사용하고 있었다. 세핑 선교사가 세운 이일성경학교 건물은 국제 적십자사 건물로, 오웬기념각은 미군들이 체포한 용공 용의자들을 수용하는 임시 감옥으로 사용하였다.

정인세 원장은 1947년 6월 13일부터 1948년 5월 1일까지 수피아 여학교 교감직을 맡았으며, 백영흠 목사는 1947년 6월 13일부터 1948년 10월 13일까지 수피아여학교 교장직을 맡았다. 이현필 선생을 적극적으로 후원하였던 정인세 총무가 온 가족과 함께 동광원에 가입함으로써 그 동안 맡았던 수피아여학교 교감직과 광주 YMCA 총무직도 겸하여 사임하게 되었다. 여순사건이 일어나기 1년 전 정인세 선생이 광주 수피아여고 교감으로 있을 때의 일이다.

하루는 이현필 선생이 학교에 찾아왔다. 그 행색은 완전히 거지꼴이었다. 그때 가정 문제로 복잡하고 골치를 앓고 있는 정인세선생에게 이현필선생은 그의 복잡한 가정문제와 식구들을 자신이 맡을 터이니 걱정하지 말고 이현필선생 자신처럼 나서라고 하였다. 이런 말을 하고 있는 이현필 선생의 모양은 수염을 깎지 않아 길게 자랐고 엉덩이가 찢어진 바지 한 쪽을 손으로 움켜쥐고 모자는 어느 쓰레기통에서나 주워온 듯 거지 모자 같은 것을 쓰고 있었다. 그런 거지꼴에 제법 남의 복잡한 식구까지 맡겠노라고 제의한 것이다.

정인세 선생을 모시고 남광주역 근처까지 함께 걸어가면서 하는 말이 "앞으로 많은 피를 흘릴 일이 생기겠는데요!" 했다. 그때는 여순 반란사건 직전이었는데 이현필 선생은 그때 이미 무엇을 예감했던 것이다.

이현필선생의 꾸준한 설득에 감복당한 정인세 선생이 마침내 이현 필 운동에 전적으로 발 벗고 나서고자 했다. 그래서 양복에 근사한 넥 타이를 매고 다니던 그가 넥타이도 양복도 다 벗어버리고 삭발을 하고 과거의 모든 사진과 책까지도 모조리 태워버렸다. 아끼던 헬라어 성경 까지도 다 버리고 완전 무일물(無一物)이 되어 이현필선생 운동에 전적 으로 투신했다. 정인세선생을 그렇게 감동시킨 것은 이현필선생의 생 활이나 그가 훈련시킨 제자들의 감동적인 모습도 있지만 무엇보다 그 의 가르치는 말씀의 감화력이었다.

정인세 원장의 본부인은 3남매를 남기고 일찍이 세상을 떠났다. 그 후 어떤 수녀출신 여자와 재혼을 했으나 그 결혼은 불행했다. 대체로 가정이 너무 행복한 사람은 수도생활에 들어가지 않을 것이고 수도생 활에 들어간 사람치고 가정이 비참하지 않을 수 없나 보다. 수도생활을 하면서 가족에게 환영받는 사람은 이 세상에 한 사람도 없다.

천국을 위하여 스스로 고자 된 사람들이다. 주님만을 기쁘게 하기 위하여 세상의 기쁨을 버린 사람들이다. 정인세 원장도 그런 사람이었 다.

평소 자신을 드러내지 않는 그는 많은 매스컴들이 그의 헌신적인 삶을 취재하려 하였지만 한번도 응하지 않았고 1980년대 시민대상 봉사상 수상자로 선정되었지만 일언지하에 수상을 거절하였다. 상 받을 만한 일을 한 것이 아무것도 없다는 것이었다. 그의 생을 광주의 그늘진 곳만 찾아다니며 봉사와 헌신의 삶을 살다가 1991년 4월에 하나님의 부르심으로 세상을 떠났다.

* 유화례 선교사(1892-1994)

광주 선교부의 선교사들은 미국 대사관의 지시에 따라 부산과 일본 그리고 미국으로 다 철수하였는데 광주 수피아 여자고등학교 교장인 루트(Miss Florence E. Root: 유화례)선교사는 전쟁 발발 후 한 달이 넘도록 귀국을 미루면서 고아들과 병약자를 돌보다가 피신할 기회를 놓쳤다는 전갈이었다. 그리하여 유화례 선교사를 동광원으로 피신시켜야 한다는 다급한 전갈이었다. 유화례 선교사는 전남매일신문에 "그때 이야기"라는 시리즈에 '수피아와 나'라는 제목으로 27회에 걸쳐서 연재하면서 이렇게 말하였다.

1950년 6월 25일 전주에 선교사들이 모여 선교사회 강당에서

예배를 보고 있었다. … 전화를 받으러 갔던 사람이 예배가 끝나고. … "북쪽에서 공산군이 38선을 넘어 오고 있습니다. 여

러분께서는 곧바로 부산으로 출발 그곳에서 미국이나 일본으로 떠나라는 연락이 왔습니다." 나는 다시 하나님의 뜻을 알려주시라고 기도했다. … 떠나지 않기로 작정했다… 나는 광주로 돌아왔다. 나는 우리 짚차를 타고 피난민들이 들끓고 있는 학교나 창고 등을 돌아다니게 되었다…. 나는 따뜻한 물과 음식을 준비해 가지고 아침이면 집을 나섰다… 물이라도 먹어야겠다는 초췌한 모습의 얼굴을 대하고 나면 저절로 눈시울이 뜨거웠다.… 7월 23일 상오 11시 양림예배당에 가려고 준비하고 있는 내게 조용택 전도사 동광원장 이모씨 등이 달려왔다. 인민군이 지금 장성까지 내려왔습니다. 광주 사람들은 어물어물하고 있을 때가 아닙니다." 곧 숨이 넘어갈 듯 다급한 소리다.… 조전도사와 함께 간단한 짐을 꾸려 집을 나섰다. 호남신학교 뒤에 갔을 때 동광원에서 나온 청년 2명이 기다리고 있었다. 이들은 둘이서 맬 수 있도록 들 것을 만들어 준비해 놓고 그곳에서 나를 기다리고 있었다. 나는 들 것에 뉘어졌다. 환자로 가장했던 것이다.

유화례 선교사는 1950년 6월 25일부터 7월 23일까지 약 한달 동안 피난민을 돕는 생활을 하다가 피난 기회를 놓쳤을 때 곽신천 전도사, 조용택 전도사 등을 통하여 이현필이 이끄는 동광원으로 피난한다는 것을 알고 있었다. 연락을 받고 방안식/방영식 형제의 길 안내로 광주 선교부 건너편 에비슨 농업실습학교 갔더니 동광원에서 파송한 신남식, 손덕삼, 김삼용과 함께 방안식/방영식 그리고 조용택, 김재택 전도사가 기다리고 있었다. 이들은 먼저 유화례 선교사를 환자로 위장하여 들 것에 뉘인 후 출발하였으나 언덕에서 구르는 바람에 들것이 부서지고 말자, 방안식/방영식 형제가 자기네 집으로 달려가서 사다리를 들고 나와 새로운 들것으로 만들었다.

이렇게 하여 방림동 밤나무골에 도착한 후 굴을 파고서 유화례 선교사를 그곳에 숨겼으나, 밤나무골로 광주의 피난민들이 몰림으로써 그곳도 더 이상 안전한 곳이 아니었다. 이때까지는 모두에게 거의 비밀로 하였다. 유화례 선교사는 곽신천 전도사의 배려로 눈을 가리고 머리도 가림으로써 환자로 인식될 뿐 외국인이라는 낌새를 나타내지 않았었다.

1950년 7월 23일 오전 예배를 마친 정인세 원장도 비로소 유화례 선교사에 대하여 알게 되었다. 이현필은 김금남에서 조금 큰 여자 한복 한 벌을 만들게 한 후 대숲에 숨어있는 유화례 선교사에게 김금남을 소개하였다. 이렇게 하여 유화례 선교사는 광주의 동광원 식구들과 함께 화순군 도암면 청소골로 온 식구가 이동하였다. 화순 화학산에 들어가 피란생활을 하면서 온갖 위험을 무릅쓰고 유화례선교사의 목숨을 구하였다. 그 당시 많은 사람들의 고통과 희생은 눈물겨운 것이었다. 특히 강차남 서울어머니, 문재현 세 분이 화학산에서 순교당한 사실은 잊을 수가 없다.

8. 무등산 증심사 입구

1948년 음력 3월 18일부터 광주에서 생활하기 시작한 동광원의 신앙생활 모습은 이미 광주와 인근 신앙인들에게 큰 충격이었으며 용기 있는 신앙인들이 소속 교회를 떠나서 이현필에게로 옮겨오기 시작하였다. 이현필은 우선 제자들을 수용할 수 있는 장소를 물색하였다. 이현필은 1949년 연초부터 무등산 증심사 입구에 있던 김천배 소유의 주택과 그 위쪽의 빈집과 김상옥 한의사의 보조로 지은 집에서 여제자들이 살 수 있도록 마련하였다. 그리고 고개 너머 다른 한 채에서는 남반들이 기거하도록 하였다.

가을에는 그곳에서 목포 최명길 목사를 초청하여 동광원 최초의 합동 세례식을 거행하였다. 무등산 증심사 시절에 동광원에 가입한 사람이 임선님, 복은남, 방순남, 홍효순, 복은순, 이정님, 홍미숙, 이복순이었다. 세례를 베풀었던 최명길 목사는 이듬 해 한국전쟁 기간 중 완도에서 순교하였다.

최흥종 목사의 무등산 은둔처 오방정(석아정) 터

9. 송등원과 무등원

* 소화자매원으로 탈바꿈된 역사

동광원 식구들이 식량이 부족하여 매우 고통당하는 것을 알았으나 광주 기독병원 앞으로 할당된 배급품을 나눠줄 수도 없는 형편이었다. 그리하여 이현필과 카딩톤은 하나의 합의에 이르렀다. 즉, 병원에서 나오는 잔반(殘飯)을 동광원에서 수거하고 동광원은 광주 기독병원의 분뇨수거와 청소를 맡기로 하였다. 처음에는 카딩톤이 거부하였지만 회수된 잔밥을 잘 삶아서 먹는다는 조건으로 허락해 주었다. 그리하여 김은연이 새벽 3시경 사람들이 다니지 않는 어둠에 병원의 분뇨를 수거하여 감나무 밭에 비료로 뿌렸다.

카딩톤이 동광원에게 베푼 큰 혜택가운데 하나는 동광원 식구들 가운데 초기에 세 사람, 민장순, 김순남, 이태례에게 광주기독병원에서 보조간호사로 일할 수 있도록 배려해 주었고 후일에 복은순 나숙자 남애주 이맹순 이오순 김교매 등이 보조 간호사로 근무하게 하였다. 간호조무사 훈련을 받은 식구들 중 몇 사람은 간호학원에 다님으로써 자격증까지 획득하기도 하였다.

그런데 동광원의 송등원 운영과 환자관리에 이의를 제기하는 일이 일어났다. 환자들에게 채식만 제공하고 지나치게 엄격한 동광원의 규율을 지키도록 한다는 것이다. 이에 대해 이현필선생과 정인세원장은 동광원 본래의 정신을 훼손할 수 없다고 주장하여 송등원의 이사진들은 별도로 부지를 매입하고 건물을 지어 독립하였다.

한편 송등원의 초기 총무를 담당하였던 박창규 전도사가 갑자기 떠남으로써 그 자리를 이현필선생의 뜻에 따라 김준호가 맡게 되었다.

1956년부터 시작된 송등원은 이현필의 수제자 김준호가 책임을 맡아서 운영하기 시작하였다. 물론 김준호는 방림동 동광원 본원과 항상 깊은 관계를 갖고 광주 기독병원에서 강제퇴원 당한 환자들의 수가 늘어남에 따라 무등산 전역으로 땅과 집을 매입하고 움막을 지어 환자들을 수용 돌보게 되었는데 이 때로부터 송등원에서 무등원으로 탈바꿈하였다.

무등원은 산수동 골짝의 이전의 송등원 시설 규모의 차원을 넘어서 원효사 계곡으로, 삼밭실로, 은혜실로, 복음당으로, 손님 접대실로 여러 시설을 갖추면서 시설을 확대시켜 나갔다.

이러한 시설확장은 당시 한미재단에서 제공하는 밀가루와 옥수수를 가지고 학동과 산수동의 노동 시장에서 싼 임금으로 일일 노동자를 고용할 수 있었기 때문이었다. 이들은 무등산에 널린 돌을 모아서 집을 짓곤하였으며, 카딩톤은 이들에게 식품과 약품을 공급해 주었다.

그러다가 무등산 요양소가 1972년 5월 무등산이 도립공원화 되면서 다 철거하기에 이르렀다. 그리하여 카딩톤 원장은 김준호 선생에게 다음과 같은 부지를 마련해 주었다. 카딩톤원장은 봉선동 아리랑고개에 밭 500평, 조봉동에 밭 600평, 골매에 밭 500평의 땅을 사줌으로써 조봉동에 15동, 골매에 5동을 짓고 아리랑 고개에는 50평 규모의 집을 지음으로써 아리랑고개에는 남자가 조봉동과 골매에는 여자들이 이사하였다.

카딩톤이 1974년에 방글라데시로 결정하고 떠나게 되었다. 이 때로부터 무등산 일대에 퍼져있었던 무등원은 운영상 어려움을 겪기 시작하였다. 그 동안 큰 경제적 도움을 주던 카딩톤이 떠남에 따라 일단 무등원에 들어 온 환자들의 지속적인 생필품 공급이 어려워짐으로써 가장 급선무로 대두되었다. 이 때로부터 무등원 운영을 맡았던 이사진이 운영을 책임질 단체를 찾기 시작하였으며 여러 정황으로 볼 때에 광주 가톨릭 대교구에서 운영하는 것을 허락하였다. 그리하여 조비오 신부를 비롯한 책임자들이 무등원을 소화자매원으로 탈바꿈시켰던 것이다.

제5부 • 경기지역 유적지 순례 –

동광원 벽제 분원 헌신관

1. 경기도 계명산 수녀골과 이현필

1964년 이현필은 광주 동광원에서 마지막 고별 집회를 여러 날 계속하고는 세상 떠날 때가 가까운 줄 알고는 급히 서울로 올라왔다. 그가 가장 사랑하고 사모하는 고장은 경기도 벽제 계명산 수녀원이었다. 그곳에 여 제자 정한나 수녀가 홀로 들어가 굴을 파고 살며 개척한 동광원 분원이 있고, 산수 좋은 뒷산 개울가에 현동완 총무의 별장 자리에 조그마한 건물 한 채가 있었다. 현 총무가 동광원에 기증한 것이다. 서울에 올라와서는 계명산 수녀원에서 줄곧 기도하면서 자기가 세상 떠날 것을 미리 말하며, 제자들에게 지극한 사랑으로 한 사람 한 사람의 장래를 부탁하고 일일이 축복하였다.최후의 순간이 왔다. 평생 영양실조로 시달린 그의 육체가 더 이상 오랜 병을 감당해내지 못하였다. 수녀들이 깨끗이 빨아 두었던 선생의 누더기 바지저고리를 수의로 입혀 드렸다. 그러나 그는 입었던 옷을 다시 벗으며 "이것은 내가 깨끗이 입은 것이니 내가 죽으면 이 옷을 없애 버리지 말고 헐벗은 사람에게 주어 입게 하시오."하고 말했다. 그리고 자기 시체에 수의를 입히지 말라고 부탁하였다. 또 "나는 죄인이니 내가 죽으면 관에 넣지 마시오. 죄인의 시체니까 거적대기에 싸서 아무나 함부로 밟고 다니도록 길가에 평토장해 주시오. 분상을 만들어 놓는 이는 화를 받을 것이오."하고 유언하였다.

임종이 가까워지면서 몸은 불덩이 같이 뜨거워지고 숨은 곧 끊어
질 것 같았다. 그런 가운데서도 그는 계속해서 기도하였다.

1956년 정한나 수녀가 처음으로 계명산 골짜기에 와서 짓고 살던 움막

"주님, 저는 주님을 사랑하고자 무척 애썼습니다. 제가 주님
을 사랑하고자 할 때마다 주님은 저를 피하셨습니다. 주님,
저는 지금 주님의 십자가를 지고 갑니다."

바로 이때 이현필에게 신기한 기쁨의 물결이 파도처럼 몰려왔

다. "오, 기쁘다! 기쁘다! 오, 기뻐! 오매 못 참겠네. 아이고 기뻐!" 기쁨
의 물결을 이겨내지 못한 이현필은 또 다시 외쳤다.

"아이고 기뻐! 오, 기쁘다. 못 참겠네. 이 기쁨을 종로 네거리
에라도 나가서 전하고 싶다."

마지막 숨이 끊어지면서 주위를 둘러보며 "제가 먼저 갑니다. 다
음에들 오시오!"하고 고요히 눈을 감았다. 1964년 3월 18일 새벽 3시였
다. 그의 나이 52세였다. 꽃피고 새 우는 봄의 문턱에서 이현필은 한 알
의 밀알 씨가 되어 벽제 계명산에 묻혔다. 유영모 선생은 이 사실을 한
시로 읊었다.

"도암서기무등등 현필이공계명치"
道岩瑞氣無等騰 賢弼李公啓明致

"도암의 상서로운 기운이 무등산에 오르니 이현필 선생이 벽
제 계명산에서 마치다."

이현필의 평생 갈망과 목표는 순결과 자기완성 그리고 고난당하는
이웃에 대한 끊임없는 사랑이었다. 그는 복음 삼덕 곧 순결은 목숨보다

소중하며, 순명은 생명과 같은 것이고, 나 하나의 인격완성이 가장 귀한 것이요, 그것을 위해서는 무엇보다도 순결, 청빈, 순명의 수도가 중요하다고 강조하였다. 나아가서 그는 걱정하는 이웃이 있으면 자기도 밤새 잠 못 이루고 함께 걱정했고, 형제들이 기뻐할 때는 자기도 춤출 듯이 기뻐하였다. 우리도 이현필의 길을 가자. 이것이 바로 나사렛 예수의 길이리라. 아, 제2의 이현필은 어디서 나올 것인가? 오늘 우린 맨발의 성자를 어디서 또 다시 찾아 볼 수 있을 것인가? 아, 맨발의 성자여, 한국 강산에 신음하는 겨레와 비틀거리는 한국교회를 위해 다시 오라

계명산 수녀 양성반 제1기. 오북환장로께서 1970년부터 7년동안 동광원 수녀들을 모아 1년씩 성경공부 및 농사 훈련을 시켰다.

계명산 동광원 분원을 시작하신 분은 정한나 원장이다. 1955년 현동완선생님의 기도실이 계명산에 있었는데 그곳을 가시는 현총무님을

따라서 계명산을 찾아와 보고는 '여기가 나의 수도할 곳이다.' 마음을 정하고 능곡으로 돌아가 뜻을 함께 하는 이희옥 박공순 두 분과 함께 이듬해 움막을 짓고 시작했다고 한다.

그때 정한나 집사의 가슴 속에 떠오른 것은 도토리에 맹물을 끓여 먹더라도 여성들만으로 자립하는 수도원을 짓고 살고 싶은 뜨거운 열망이었다고 한다. 그래서 능곡에 살던 이희옥씨를 끌어 들였고, 희옥씨는 평소에 뜻을 같이하던 박공순씨를 끌어들였다. 알고 보니 이 계명산 수녀원은 세 사람의 여인들 곧 정한나, 이희옥, 박공순에 의해 시작된 토박이 수도공동체였다.

정한나는 전남 화순 능주 출신으로 일찍 남편을 잃고 동광원에 들어 왔는데 여장부로서 이현필 선생의 두터운 신임을 받아 고아원을 위해 많은 일을 한 사람이다.

그는 처음에 계명산에 들어와서 앵무봉에서 흘러내리는 개울가에 토굴을 파고 어귀에 헌 거적대기 하나를 깔고 지냈다고 한다. 여인의 몸으로 홀로 수도하면서 머리도 삭발하고 초목과 함께 철저히 썩으며 세상 떠날 때까지 이 골짜기에서 청춘을 불살랐다고 한다.이희옥은 어느 큰 병원장의 딸이었는데 참 믿는 길을 찾아 이 교회 저 교회 다니다가 1957년 정한나 어머니를 만나 이곳 계명산에 와 보았더니 첫 느낌이 "이것이다, 바로 이 길이다!"하는 감격이 넘쳐 그 뒤 속세를 떨쳐 버리고 여기에 들어와 세상 떠나기까지 서른 여덟 해 동안 수도 생활을 바쳤다. 그 고운 손으로 땅을 파며 농사짓고 밭 가꾸고 모 심고 소 기르고 지게 지고 나무하고 살았다. 이희옥은 계명산 분원장으로 있으면서 친지들에게 십일조를 모아 가난해서 먹을 것 없는 사람을 도와주고, 30년 동안 쌀 밀가루 쑥을 모아 팥떡해서 굶주림에 허덕이는 사람을 찾아 마을 집집마다 식구 수대로 나눠주었다. 이렇게 일하고 봉사하면서 계명산 초목과 함께 썩어간 성녀였다. 해마다 성탄절이 되면 동네 사람들에게 떡을 넉넉히 나누어 주면서 마을 사람들과 함께 성탄의 기쁨을 나누고, 저녁에는 앞산에 등불을 밝히고 성탄 찬송을 불렀다고 한다.

3대 원장으로 살다 가신 박공순은 전남 화순 출신으로 신혼 초에 남편에게 이현필 선생을 소개받은 뒤 여순사건 때 남편을 여의고 동광원에 들어왔으며 나중엔 어머니와 동생들(금선, 금자)까지 데리고 들어온 구도적인 여인이다. 계명산에 들어와 얼마나 일을 많이 했던지 손가락의 지문이 다 닳아 없어져 버리고 말았다. 지금 살고 있는 집을 지을 때도 식구들이 흙을 이기고 돌을 가져다 쌓고 지붕도 얹어서 세웠다. 논밭을 가는 일도 일일이 손으로 했고, 외출은 물론이고 고향에도 거의 가지 않고 그곳에 파묻혀 살았다. 그는 분명 일하며 기도하는 우리시대의 거룩한 노동 수도자요 참된 주님의 종이었다.우리들이 이 계명산을 이토록 그리워하는 가장 중요한 이유는 맨발의 성자 이현필 선생이 이곳에 자주 와서 기도하고 말씀을 전하시다가 바로 이곳에서 마지막 세상을 떠난 향기의 동산이기 때문이다. 이현필 선생은 동광원 분원들 가운데서도 특히 이곳을 사랑해서 이곳을 자주 찾았다고 한다. 수녀원에서 조금 산쪽으로 올라가면 오른쪽 골짜기 언덕에 지은 현동완 총무의 기도실이 있는데 그곳에서 늘 머물곤 했다. 마지막 광주에서 고별 성회를 마치고는 서울에 올라와 여기서 세상을 떠났다. 즉 1964년 3월 12일 계명산에 들어온 이현필 선생은 이틀 동안 '베틀집'에서 머물다가 현총무님 기도실로 옮겨가셔서 기도와 예배를 인도하시며 닷새 동안 머무르시고 마지막 가르침을 주었다.

박공순 원장은 그때 상황을 이렇게 증언하였다. "선생님이 세상 떠나기 전날 밤에 동쪽 하늘에서 별안간 매우 강한 불빛이 현재 묘소 있는 가까이 떨어지는 것이 보였습니다. 이 선생님은 '내가 살아도 여기에 살고 죽어도 여기에 죽는다.'고 말씀하셨지요. 그리고 이곳에 의인들의 발길이 끊어지지 않을 것이라 하셨습니다."

이현필 선생은 마지막 숨지기 전에 유언하길 "내가 숨지거든 헌 가마니에 둘둘 말아 사람들이 밟고 갈 길가에 묻어 주시오. 내가 죽으면 입고 있던 이 옷은 헐벗은 사람에게 입혀 주시오." 하였지만 제자들은 그를 길바닥에 평토장을 하지 않고 산 언덕으로 올라가 평토장을 했다. 그리고 벗어놓은 수의는 고이 간직하였다. 이현필의 유물을 모아서 남원에 이현필 기념관에 모아두었다. 이선생님은 자기를 위해 관을 쓰지 말라고 했지만 그때 누군가 관을 얻어 왔는데 크기가 너무 작아서 무릎을 세워서 모시고 산에 올라가 평토장을 했다고 한다. 그러나 몇 년 뒤에는 봉분을 만들고 마침내 지금과 같은 비석을 세워 놓게 되었다.

　　"오, 기쁘다! 오, 기뻐! 오매 못 참겠네. 아이고 기뻐! 이 기쁨
　　을 종로 네거리에라도 나가서 전하고 싶어!"

　이런 마지막 말을 남기며 하늘로 올라가신 성인의 숨결이 지금도
감도는 듯 앵무봉에서 흘러내리는 맑은 계곡물이 쉬지 않고 졸졸졸 소
리를 내며 흐르는 이곳이 계명산 동광원 분원이다.

계명산 이현필 선생의 묘비

2. 경기도 능곡, 삼각산

1949년 서울 YMCA 현동완 총무의 초청으로 공동체 가족 일부가 서울로 진출, 삼각산과 경기도 능곡에 머물러 살았다. 삼각산에 머문 가족은 서울 YMCA에서 여는 강좌를 듣고, 20여 명은 현 총무가 세운 경기도 능곡 오원에서 농사를 짓고 자급자족하며 성경 공부와 수도 생활을 시작한 것이 서울, 경기 지방의 복음 전진기지가 되고 후일 계명산 동광원 분원을 세우는 계기가 되었다, 그해 여름 전도대를 조직, 걸식 탁발로 남원, 순천, 여수, 완도, 강진, 해남, 광주 등지를 순회 전도하였다. 이때 순천 김정기 장로, 완도 김주환 목사, 강진 장성철 목사, 해남 이준묵 목사 등의 후원을 받았다. 이 복음 전도는 예수님이 이 세상에서 행하셨던 실제를 맛보는 값진 전도 순례였으며 이곳에서 1950년 6·25전쟁으로 많은 어려움을 겪었다.